억대 연봉의 꿈을 이룬
영업 달인의 비밀노트

억대 연봉의 꿈을 이룬
영업 달인의 비밀노트

개정판 1쇄 발행 | 2017년 10월 26일

지은이 | 기도 가즈토시
옮긴이 | 홍병기
펴낸이 | 최병윤
펴낸곳 | 행복한마음
출판등록 | 제10-2415호 (2002. 7. 10)

주소 | 서울시 마포구 토정로 222, 한국출판콘텐츠센터 422호
전화 | (02) 334-9107
팩스 | (02) 334-9108
이메일 | bookmind@naver.com

ISBN 978-89-91705-40-1 03320

＊책값은 뒤표지에 표기되어 있습니다.
＊잘못 만들어진 책은 구입처에서 교환해 드립니다.

억대 연봉의

꿈을 이룬

기도 가즈토시 지음 | **홍병기** 옮김

영업 달인의

비밀노트

고등학교 중퇴, 전직 100회, 영업 도전 12번의 좌절 끝에 억대 연봉의 꿈을 이룬
저 자 의 성 공 노 하 우 전 격 공 개 !

행복한 마음

나는 영업으로 억대 연봉의 꿈을 이루었다

'이 책대로 하면 과연 효과가 있을까?'

당신이 지금 읽고 있는 이 책을 당신의 상사가 본다면 쓸모 없는 책을 읽는다고 비난할지도 모른다. 왜냐 하면 영업을 잘 하고 있는 사람에게는 아무짝에도 쓸모가 없는 것쯤으로 여겨질 수 있기 때문이다.

달리 말해서 이 책은 자신은 영업에 맞지 않다고 생각하는 사람들, 그리고 자신의 성격이 소심하다고 생각하는 사람들에게 더욱 필요하다.

만약 당신이 자신은 영업할 타입도 아니고 소심한 성격의 소유자라고 생각한다면 이 책은 분명 성공할 수 있다는 자신감을 갖게 해줄 것이다.

임기응변에 서툴다거나 밀어붙이는 성격이 아닌 사람도 나처럼 하면 1년에 1억2천만 원의 수입(한 달에 1,000만 원씩의 수입)을 벌 수 있게 될 것이다.

어느 정도 영업 실적을 올리고 있는 사람들은 그다지 관심이 가지 않을지도 모른다. 이 책은 지금까지 해 온 영업 방식의 상식을 완전히 뒤엎는 전혀 새로운 방식을 소개하고 있기 때문이다. 180도로 완전히 다른 영업 방식이다.

도대체 무엇이 다른가?

'상대방과의 대화에서 임기응변에 약하다.'

'상대방의 심리 파악이 힘들다.'

'밀어붙이는 성격이 아니다.'

이런 생각을 하는 사람들도 이 책의 방식대로 한다면 억대 연봉을 벌 수 있다.

"도대체 믿을 수 없어. 그런 식으로 영업하면 과연 그렇게 된단 말인가?"

너무나도 새로운 방식이기 때문에 이런 말을 하는 사람들도 있을 것이다. 괜히 뭔가 있는 것처럼 꾸미고자 하는 마음이 없으므로 단도직입적으로 말하고자 한다. 이런 새로운 영업 방식으로 어떻게 내가 억대 연봉을 이룰 수 있었는지에 대하여.

그 방식은 바로 '시나리오를 암기하여 그대로 실행하는' 것이다.

"이봐, 그런 방식으로 도대체 어떻게 영업이 된다는 거야?" 하는 말을 들은 적도 있다. 그러므로 이 책을 읽고 당신도 그런 생각을 할 수 있음을 밝힌다.

'속임수일 거야. 읽을 필요도 없겠지' 하고 속단하기 전에 조금만 나의 이야기에 귀를 기울여 달라. 정말 속임수라면 이렇게 처음부터 '시나리오를 암기하라' 는 식의 말을 할 이유가 없기 때문이다.

좀 더 자세히 설명하겠다.

소심한 성격의 사람이 영업을 할 때 흔히 듣는 지적이 '상담을 해서 계약까지 이끌어 내는 것이 어렵다' 라는 점이다. 그래서 나는 역으로 고객의 선택에 나를 맡기고 대화를 해나가는 방식을 취해 보았다.

효과가 있었는지에 대해 묻고 싶을 것이다. 우선 영업하는 사람 쪽의 정신적 부담이 전혀 없어진다. 그렇게 되면 고객에게 부담감이나 압박감을 전혀 주지 않게 된다. 뿐만 아니라 이러한 방식은 영업하는 사람이 주도권을 쥐게 된다는 사실을 알게 된다.

고객에게 선택권을 주어 계약을 이끌어 내는 대화 방식을 시나리오로 작성한다. 말하자면, '선택권을 주고 주도권을 잡는 시나리오' 를 만드는 것이다.

"왜 이런 것이 필요한가?" 하고 사람들이 종종 묻곤 한다.

무엇을 숨기겠는가. 그 이유는 내가 소심한 성격이기 때문이다.

부모, 형제, 친구들로부터 "너는 영업을 할 타입이 아니다"라는 이야기를 늘 들었고, 나 역시도 그렇게 생각해 왔다.

왜 부모, 형제, 친구들로부터 그런 평가를 받게 되었는가?

정말 말하고 싶지는 않지만 나의 이야기를 해야겠다.

고등학교를 다닌 지 반년 만에 중퇴하고 직장을 여기저기 옮겨 다녔는데, 가장 오래 다닌 직장의 근무 기간이 6개월이었고, 일주일도 못 돼 그만 둔 회사도 있었다. 평균 3개월씩 직장을 옮겨 다닌 셈이었는데, 심지어는 반나절 만에 그만 둔 일도 있었다. 전직한 회사 수만 100군데 이상이었고 (말하자면 셀 수 없을 정도다), 그 과정에서 영업으로 도전한 경우가 12번이나 되었다. 영업을 했을 때는 하루에서 최대 3일을 견디지 못하고 그만 두었다.

가두판매부터 소화기 외판, 광고 세일즈, 신문 구독 권유, 탤런트 스카우트, 학습교재 판매는 3번, 휴대폰 판매, 정수기 판매, 쓰레기 분리기 판매, 음식 재료 판매 등등…….

말도 안 될 정도로 여러 가지 도전을 해보았지만 번번이 실패했던 것이다. 영업하기에 근성도 부족하고 소심하기 짝이 없는 내가 왜 번번이 좌절해 가면서도 12번이나 도전했을까?

그것은 '동경憧憬' 때문이었다. 최고의 세일즈맨이 되어 고액을 벌어 보고자 했다. 근성도 없고 소심한 성격을 타고난 나였지만 이런 희망을 가지고 있었던 것이다.

'아무리 좋은 상품일지라도, 아무리 뛰어난 기술력을 가지고 있다 하더라도 그 존재를 알리지 못한다면 단지 쓰레기에 지나지 않는다. 그러므로 판매하는 기술이 무엇보다 중요하다.'

나의 의식 속에는 이러한 생각이 잠재해 있었던 것이다.

좌절을 겪을 때마다 의기소침해지고 말지만 그래도 시간이 지나면 다시 최고의 세일즈맨이 되고자 하는 마음(동경)이 꿈틀꿈틀 용솟음쳤다. 그래서 '한 번 더, 또 한 번 더 해보자' 하고 징글맞도록 도전을 해왔던 것이다.

그러나 세상은 생각처럼 쉬운 곳이 아니다.

'3번 만에 성공하지는 못했지만 13번째라면 반드시 성공하겠지. 그래도 안 된다면 더 이상 살 가치가 없다. 죽어 버리자…….'

하지만 소심한 나의 성격으로는 자살할 용기도 없는 것이다.

'이번에도 실패하면 거지가 될 수밖에 없다.'

겨우 이 정도의 각오가 전부였다. 그렇지만 나는 다시 마음을 다잡고 최후의 도전을 결심했다.

이번에는 임기응변의 능력이 부족한 점을 보완하기 위해 고객과의 대화를 모조리 시나리오로 작성하기로 했다. 결과적으로 선택권은 고객에게 주고 주도권은 내가 쥐게 되는 시나리오가 작성되었다.

시나리오를 완성하고부터 나의 이력은 바뀌어 갔다.

· 1993년 3월, 최후의 도전을 하기 위해 학습교재 판매의 세계

로 뛰어 들다. 시나리오를 암기하는 영업 비법을 깨달은 이래로 연수입 1억2천만 원 3년 연속 달성하다.

· 1996년 2월, 최고의 세일즈맨의 경지에 이르고자 주택 보수 공사 업종에 뛰어들어 그 분야에서도 최고의 영업 실적을 올리다. 그 후 회사를 설립하기로 결심하고 3개월 만에 1억 원을 저축하다.

· 1997년 8월, 그 저축을 기반으로 회사를 창립하여 연수입 3억 원의 실적을 달성하다.

· 2002년 9월, 경영이 어려운 하청업체들을 원청업체로 화려하게 변신시키는 것을 목적으로 한 최초의 '탈하청 성공 시스템 구축 설계사'로 재출발하다. 이것으로 경이로운 실적을 달성하다.

· 2003년 3월, '세일즈맨 컨설턴트'가 되어, 영업력이 부족하다고 체념하는 사람들을 '최고의 세일즈맨'으로 변신시키는 활동을 시작하다.

· 2003년 7월, 이 책을 출판하다.

"흥미롭군요. 기도 씨의 이야기를 듣자니 왠지 세일즈맨이 되고 싶어지는군요."

나의 이야기를 듣는 사람들은 곧잘 이런 말을 한다. 하지만 그때마다 나는 이렇게 대답한다.

"당신은 하지 않으시는 게 좋겠군요. 당신은 나처럼 소심한 성격이 아니기 때문입니다."

당신이 소심한 성격이라면 이 책을 통해 반드시 성공할 거라고 믿는다.

기도 가즈토시

CONTENTS

극비의 성공 대화법 설계도의 비밀

1

제1장 | 극비의 성공 대화법 설계도의 비밀

사람들은 자신이 배우고 있다는 것을 느끼지 못 하게 가르쳐야 하고,
모르는 것을 제안할 때는 잊어버린 것처럼 해야 한다.
– 알렉산더 포프

● 월수입 1,000만 원이 꿈이었다

세상에는 처음 만난 사람인데도 마치 오래전부터 서로 알고 지낸 듯이 친근하게 대화하는 능력을 갖춘 사람들이 있다. 하지만 나에게는 이러한 능력이 전무했다. 처음 만난 사람과 대화를 나누는 일은 곤욕 그 자체였다.

내가 어느 정도로 대인관계에 자신이 없었는가 하면, 다음 이야기에서 잘 엿볼 수 있을 것이다.

18년 전쯤의 일이다. 그때 나는 중화요리 식당에서 설거지하는 아르바이트를 한 적이 있었다. 내가 설거지 아르바이트를 한 이유는 뻔했다.

'사람을 상대하지 않아도 되기' 때문이었다.

그러던 어느 날, 평소에 음식을 나르던 사람이 3명 있었는데 그 중 2명이 감기에 걸려 나오지 못한 것이다. 그러자 매니저가 나한테 부탁을 했다.

"미안하지만 사정이 이러니 음식 나르는 일을 거들어라."

항상 목에 힘을 주어 말하던 매니저가 미안하다는 말을 하면서까지 부탁을 해왔던 것이다.

점심시간이라서 식당 안은 손님으로 북적대고 있었다. 누구라도 음식 나르는 일을 돕지 않으면 곤란한 상황이었다. 아무리 사람을 상대하는 것이 두렵고 내성적인 성격일지라도, 명색이 사내대장부가 '제가 해보겠습니다.'라고 말하는 것이 당연할 것이었다.

그렇지만 한심하게도 나는 그 말을 하지 못했다.

"매니저님, 전 그 일을 못 합니다……. 좀 봐주십시오."

이렇게 기어 들어가는 목소리로 거절하고 말았다. 지금 생각해도 정말 한심하지 않을 수 없었다. 이보다 더 소심한 사람이 이 세상에 또 어디 있겠는가. (절대 자랑이 아니다!)

이런 성격이다 보니 타인과의 대화는 두렵기 그지없었다. 그런 나였기에 세일즈맨으로서 고객과 상담할 수 있는 방법을 고안해 내기에 이르렀던 것이다.

오직 한 가지 방법! 그것은 바로 '시나리오를 작성하여 암기하는' 것이었다.

이 비법을 나는 13번째 도전에서 터득하게 되었다. 그리고 이 방법이 아니었더라면 나는 성공하지도 못했을 것이다.

"다른 사람과 대화도 제대로 못하는 사람이 왜, 어쩌자고 13번이나 영업을 하겠다고 도전했습니까? 도무지 이해가 되지 않는군요."

이런 소리를 자주 듣는다. 맞는 말이다. 대화에 자신이 없다면 영업직에 맞지 않다고 생각하는 것이 보통 사람의 사고방식이 아니겠는가.

왜 그런 내가 그토록 영업직을 고집한 것일까? 영업이 나의 동경의 대상이었기 때문이다.

'물건을 살 마음이 없는 사람이 나와의 상담을 통해 물건을 사게 된다면 정말 기분 좋을 거야. 노하우만 갖춘다면 문제없어' 라고 나는 생각했다.

그리고 한 가지 목표가 있었다.

'월수입 1,000만 원!'

나는 직장을 100번 이상 옮겨 다녔다. 직장을 옮길 때마다 구인정보지를 사서, 뭔가 좋은 직업이 없을까 하고 뒤적이다 보면 거기에는 반드시 눈에 띄는 것이 있었다.

'월수 1,000만 원 보장! 당신도 할 수 있다! 당신은 고급 차를 몰며 멋진 집에서 살 수 있게 된다!

그 당시만 해도 내가 받았던 가장 많은 봉급은 240만 원이었다. 그러므로 1,000만 원이라면 그에 4배에 이르는 돈이다. 동경의 대상이 아닐 수 없었다.

내가 직장을 100번 이상 옮겨 다녔으므로 구인정보지도 100회 이상 구입해 보았다고 볼 수 있다. 그럴 때마다 '월수 1,000만 원 보장! 당신도 할 수 있다!' 는 활자를 봐왔던 것이다.

그래서 나도 모르는 사이에 '월수 1,000만 원 보장!' '당신도 할 수 있다!' 는 최면에 빠져들었던 건 아닐까.

● **13번째의 마지막 도전**

13번째의 영업직 도전을 나는 마지막 도전으로 삼기로 했다. 그리고 나는 그 분야를 학습교재 영업으로 선택했다.

이유는 학습교재 판매가 가장 어려운 영업 중 하나라고 생각했기 때문이었다. 이미 12번의 도전을 해오면서, 비록 하루가 아니면 3일 만에 그만 두기는 했지만, 그 일천한 경험 속에서도 '학습교재 판매가 가장 어려운 영업' 이라는 생각이 들었던 것이다.

내가 왜 학습교재 판매가 가장 어렵다고 생각했는지 그 이유를 말하겠다.

첫째, 학습교재는 일단 책의 수량이 많다. ("우리 아이는 이 많은 책은 보지도 않아요"라고 거절당하기가 쉽다.)

둘째, 학습교재 전집은 가격이 비싸다. (제아무리 장사가 잘 되는 대형 서점의 가장 좋은 곳에 진열된다고 하더라도 팔리기 어려울 것이다.)

셋째, 어머니 쪽을 일단 설득했더라도 아버지 쪽이 반대한다.

학습교재 판매회사에 면접을 보면서 사실 나는 마음속으로 '이렇게 팔기 힘든 물건을 도대체 어떻게 판단 말인가. 거북이가 몸을 뒤집는 것보다 힘든 일일 텐데……' 라고 생각하고 있었다.

그런데 이런 생각을 하고 있을 때, 놀랍게도 면접관이 이렇게 말했다.

"아버지의 반대는 신경 쓰지 않아도 됩니다. 계약의 대부분은 어머니가 판단해서 도장을 찍게 되니까요. 바로 그 자리에서 결정을 내리게 하는 것이 판매의 매력이니까요."

그 말을 듣는 순간 나는 마음속으로 외쳤다.

"야, 굉장하다! 최고의 세일즈맨이 되기 위해 도전할 만한 일이다!"

이렇게 하여 최후의 도전으로 학습교재 판매를 선택했던 것이다.

● 도전 후 1개월의 결과는 처참했다

굳은 결심으로 마음을 다잡고 내가 영업을 다시 시작하게 된 동기는 또 있었다. 그 당시 아내가 나를 슬슬 불쌍하게 여기기 시작했던 것이다. 결혼하고 나서도 나는 여전히 이 직장 저 직장을 옮겨 다녔다.

결혼하고 처음 직장을 그만 두었을 때 아내는 이렇게 말했다.

"앞으로 남은 인생은 길어요. 너무 초조해 하지 말고 적성에 맞는 직장을 찾아보도록 해요."

2번째 그만 두었을 때 "아…… 그래요…….."

5번째 직장을 옮기자, "한심한 양반아, 맨날 왜 그런 거야! 이래 가지고 어떻게 한 가정을 이끌고 나갈 수 있단 말이에요."

결국 12번째 회사를 그만 두었을 때 부부 싸움이 벌어지게 되었다.

반푼이 같은 나도 '이제는 제대로 직업을 갖지 않으면 큰일나겠구나' 하고 생각하기에 이르렀다.

'학습교재로 최고의 영업 기술을 터득해서 앞으로의 인생은 곤란함 없이 안정적으로 살도록 하자!'

'이제 마지막 기회다!'

'어떻게든 3개월만이라도 끈질기게 매달려 보자!'

이런 각오로 학습교재 영업을 시작했다.

회사에서 자료를 받자마자 나는 너덜너덜하도록 수없이 반복해서 읽었다. 그리고 지금껏 하지 않았던 일요일 출근도 자청해서 하게 되었다. 또한 고객과의 약속이 정해지면 그 시간이 아침 7시든 밤 9시든 가리지 않고 달려 나갔다. 정말 전심전력을 다 쏟아 부었다.

이런 나의 새로운 생활에 대해 친구에게 이야기했더니, "이봐, 원래 그렇게 하는 거야. 남들도 다 그렇게 해" 하고 친구가 말했다.

그렇게 해야 한다는 것을 알고 있었지만 사회생활을 한 지 벌써 십수 년이 지나도록 언제나 오후 5시면 퇴근하고, 일요일에 일을 한다는 것을 생각해 본 적이 없었던 나로서는 분명 경이로운 변화라고 하지 않을 수 없었다.

영업 소장은 나의 이런 굳은 의지를 보고서 '장래가 기대되는 신입 사원'이라고 여겼는지, 고객과의 상담이 잡히면 우선적으로 나한테 맡겨 주었다. 나로서도 기대에 부응하기 위해 열심히 노력했다. 이제는 온전한 영업 사원으로서의 역할을 하게 된 것이다.

"나는 할 수 있다! 계약은 이미 성사된 것이나 마찬가지다!"

"회사로 돌아가면 영업 소장이 웃는 얼굴로 맞이하며 축하한다고 말할 것이다. 선배들이 어깨를 다독거려 줄 것이다!"

약속 장소로 향하는 차 안에서 예전에 들었던 마인드 컨트롤 테이프의 대사를 떠올리며 성공의 이미지를 잠재의식에 심기 위해 과장되게 외쳐댔다.

고객의 가정을 방문했을 때 나는 인사도 제대로 하지 못하고 나 나름대로 최선을 다해 상담을 하기 시작했다.

"어머님! 자제분의 학습 방향을 제대로 잡아 주실 분은 어머님밖에 없습니다! 자제분을 위해서 꼭 필요합니다!"

기백이 철철 넘치는 목소리로 학습교재 구입의 필요성을 강력하게 주장했다. 그리고 준비해 둔 마무리 대사를 던졌다.

"어머님, 함께 노력해 봐요."

나는 은근한 목소리로 소리치면서 계약서를 살짝 앞으로 내밀었다.

이제 다 된 것 같았다. 입사한 지 일주일 만에 첫 계약이 이루어지려는 순간이었다.

"저기…… 뭐라고 말씀드려야 할지. 우리 아이한테는 별로 필요하지 않은 거 같아요……."

"……."

설득할 수 있는 말을 모두 다 했음에도 계약은 불발로 끝나고 말았다.

이게 어찌된 것인가? 아직도 기백이 부족한 탓인가? 진지함이 부족했던 탓일까?

"아니, 포기해서는 안 돼. 이제 시작일 뿐이야! 다음번에 승부를 걸어 보자!"

"할 수 있다! 반드시 잘 될 거야! 다음에야말로 계약을 성사 시키자!"

다음 약속 장소로 향하는 차 안에서 이번에는 더욱 힘을 내어 '과장되게' 소리를 질러댔다.

이런 경우가 매일이 반복되었다. 그러는 사이 순식간에 1개월이 지나갔다. 그 1개월 동안의 성과란…….

계약은 1건, 실적은 240만 원.

허허허…….

역시 내가 성공하는 그림은 그려지지 않았다. 영업에서 성공한다는 것, 애초부터 나한테는 무리였던 것일까…….

● 왕년의 슈퍼 세일즈맨을 만나다

"자네, 사장님께 가서 제대로 공부 한 번 해보지 않겠나?"

입사한 지 2개월째 되던 어느 날, 소장은 도쿄 본사로 가서 교육을 받으라는 제의를 했다.

사장은 학습교재 판매업계에서 최고의 기록을 갱신해 온 왕년의 슈퍼 세일즈맨이었다. 그 밑에서 배울 기회가 생긴 나로서는 그것이 절호의 기회로 여겨지지 않을 수 없었다.

영업을 잘 하는 사람과 그렇지 못한 사람의 차이를 '대화와 설득의 기술에 달렸다'고 생각을 해 온 나로서는 사장의 노하우만 배운다면 적어도 10번 중 5번, 즉 50퍼센트의 계약 성과를 올릴 수 있으리라 여겼다.

본사로 가자마자 사장님으로부터 연락이 왔다.

"자네, 내일 나하고 롤 플레이Role Play(미리 정해진 대본을 사용하지 않고 참여자가 자기 역할에 따라 연극을 하는 역할극)를 해보세."

왕년의 슈퍼 세일즈맨인 사장은 영업계의 살아 있는 최고의 고수다. 지금까지 나의 30년 인생은 어쩌면 바로 오늘을 위해 있었는지 모른다! 성공의 문이 코앞에 있다. 이것으로 나는 최고의 세일즈맨이 될 수 있다! 사장님의 입에서 나오는 한 마디도 놓쳐서는 안 된다. 바로 절체절명의 순간이다.

나는 만전의 준비를 갖추고 기다렸다.

다음 날, 사장님은 학습교재 세일즈맨의 역할을 맡았고, 나는 고객의 역할을 맡았다. 나는 지금까지 고객들에게 거절당해 온 경험을 바탕으로 사장의 세일즈 방식에 맞부딪혀 보았다.

하지만 결국 나는 주도당하고 말았다.

준비했던 반격도 제대로 한 번 날려보지 못하고 사장님의 이야기에 말려들어, 나도 모르게 "예", "예", "예"를 반복하다가 학습교재의 신청 계약서에 서명을 하고 만 것이다.

이것이 바로 슈퍼 세일즈맨의 대화 위력이었다.

나는 사장님과의 롤 플레이를 하면서 나눈 대화를 녹음해 두었다. 누구나 그렇게 했을 것은 자명하다. 녹음한 롤 플레이 대화를 그날 밤 나는 한 글자, 한 구절, 숨쉬는 간격까지 빠짐없이 철저히 노트에 기록했다.

그 기록은 대학 노트로 13페이지였고, 틀린 글자를 고쳐 가면서 손으로 꾹꾹 눌러 가며 쓴 그 기록은 '극비의 성공 시나리오' 로 완성되었던 것이다.

'그래, 이제 됐다! 이것을 완전히 암기하는 거다! 이대로 하면 된다! 나는 이제 최고의 세일즈맨이 되는 거야!'

● 영업은 웃는 얼굴로 시작하여 웃는 얼굴로 끝난다

그 후 나는 온 신경을 집중하여 '극비의 성공 시나리오' 를 암기하는 데 몰두했다.

업무 시간을 제외한 모든 시간, 즉 식사 시간, 화장실에 있을 때, 퇴근 후 잠자리에 들 때까지, 심지어는 꿈속에서도 '극비의 성공 시나리오' 를 읽고 암기하게 되었다.

그리고 지금까지 고객을 상담하러 갈 때 차 안에서 "나는 할 수 있다! 절대 할 수 있다! 잘 될 것이다!" 라고 소리쳤던 과장된

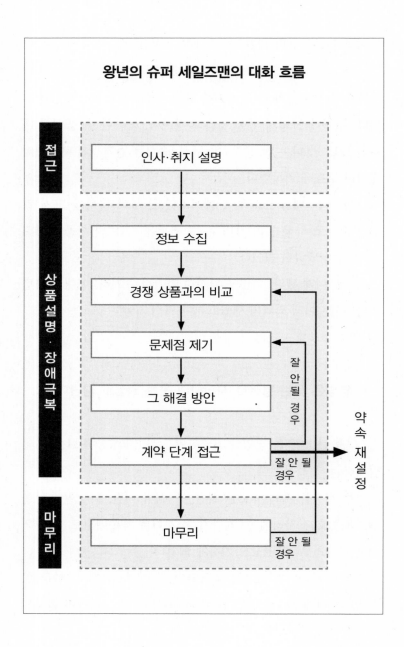

왕년의 슈퍼 세일즈맨의 대화 흐름

접근	인사·취지 설명

정보 수집

경쟁 상품과의 비교

문제점 제기

그 해결 방안

계약 단계 접근

마무리

잘 안 될 경우

약속 재설정

외침은 하지 않게 되었다.

이제는 "안녕하십니까. 어제 전화 드렸던 ○○ 회사의 누구입니다……"라는 식으로, 사장님의 음성을 그대로 흉내 낸 설득력 있는 목소리로 변해 갔던 것이다.

그러던 어느 날, 사장님이 나를 데리고 영업을 나서게 되었다. 롤 플레이의 효과가 있는지, 이를 통해 배운 것을 내가 어떻게 영업에 써먹고 있는지를 확인하기 위한 것이었다.

사장님이 동행한 터라 긴장이 되었지만 그래도 '극비의 성공 시나리오'를 완전히 암기하고 있었던 덕분이랄까, 겉으로 보기에는 사장님과 비슷하게 고객을 상담할 수 있었다.

"사장님, 계약이 성사되지 못했는데 뭐가 잘못된 것입니까? 허심탄회하게 말씀해 주십시오!"

돌아오는 차 안에서 나는 고객 상담에서 내가 무엇을 잘못했는지 깨질 각오를 하고 물어 보았다.

"자네는 말이야, 무서운 얼굴을 하고 있었어."

"옛! 무서운 얼굴이라뇨?"

사실대로 말하자면 사장님의 지적이 맞는 듯했다.

생각해 보면 사회생활을 한 지 15년 동안, 대인을 기피하는 성향이 있는 나로서는 웃어야 할 상황이 아니라면 구태여 웃는 얼굴을 만들 필요가 없었던 것이다. 그러므로 나한테는 미소 짓는 것이 어려운 일이었던 것이다.

하지만 나는 자연스러운 미소를 만들기 위해 그 날부터 특별 연습에 돌입했다. 어렵지 않을까 하는 노파심이 조금은 들기도 했지만.

미소 짓는 얼굴이라……. 뭐 이런 것쯤 계약이 성사될 수만 있다면 아무런 문제가 되지 않는다.

사실 나는 사장님한테서 특별한 비법을 기대했었다.

'고객이 이렇게 말할 때 이 대목에서 이렇게 말하면 반드시 계약이 이루어지고 말 것이다' 라는 방법을 기대했던 것이다.

어찌 됐던 나는 왕년의 슈퍼 세일즈맨이었던 사장님의 말을 믿고 따르는 수밖에 없었다.

거울 앞에서 미소 짓는 연습을 하기 시작했다. 그리고 선배들과 롤 플레이 대결도 해나갔다. '극비의 성공 시나리오' 에 '항상 미소를 염두에 둔다' 라는 것을 추가로 적어 넣었다.

그러나 이것 또한 생각한 것보다 쉬운 게 아니었다.

미소 짓는 것에 신경 쓰노라면 대화를 놓치기 일쑤였고, '다음은 무슨 말을 해야 하지?' 하고 생각하다 보면 '아차, 미소를 지어야지' 하는 식이 되어 좀처럼 익숙해지기가 어려웠다.

좌우지간 애드립(대사를 잊었을 때 즉흥적으로 말하는 대사)이 전혀 없이 (할 줄도 모르지만) '극비의 성공 시나리오' 에서 암기한 것을 떠올려 가며 고객과 대화를 나누는 것도 뒤죽박죽 엉망진창이었지만, 미소 짓는 것을 지나치게 의식하다 보니 오히려

우는 얼굴이 될 지경이었다.

각고의 연습을 한 결과, 나는 '미소 짓는 얼굴이라고 보기에 어색한' 상태에서 벗어나 간신히 미소 짓는 것으로 인정받는 상태로까지 발전했다. 그렇지만 이 정도가 되기에는 상당한 어려움이 따랐다.

이런 노력이 있었기에 점차 미소 짓는 것에 익숙해져 갔고, 성과도 차츰 나타나기 시작했다. 고객과의 상담 도중에 거절당하기만 하던 것이 끝까지 고객이 나의 말을 들어 주는 경우가 생겨나기 시작한 것이다.

'이것이 바로 미소의 효과인가!'

그 효과가 확실하게 느껴졌다. 미소를 지으며 상담하는 것은 물론 웃을 상황이 아닌데도 자연스럽게 웃을 수 있게도 되었다.

"야, 어머님도……. 다들 공부하지 않으려고 하지요, 하하하……."

그러자 고객도 따라서 웃는 게 아닌가.

'앗! 고객이 웃었다.'

별로 웃을 만한 말을 한 것도 아닌데 고객이 웃어 주니 더없이 기분이 좋았다. 이렇게 되면 대화는 탄력을 받기 시작한다.

우선은 첫째도 미소, 둘째도 미소가 중요하다. 미소 짓기 힘들면 영업은 시작부터가 힘들다. 영업은 웃는 얼굴로 시작하여 웃는 얼굴로 끝나야 하기 때문이다. 하지만 이것만으로 계약이 이루어지느냐 하면 그렇지는 않다. 단계를 더 넘어야만 한다.

나는 다시 문제에 직면하고 말았다.

● 극비의 성공 시나리오가 실패하다

어찌 잊을 수 있겠는가! 날씨가 흐리던 어느 날, 한 고객의 집에서 일어났던 그 일을. 고객의 집 거실에서 어색한 미소를 지으며 상담을 하기 시작했다.

"중학교에 들어가면 공부가 어려워집니다."

"그렇지요."

"그런데 자제분은 공부를 좀 하는 편인가요?"

"우리 애는 비교적 공부를 잘 하는 편이에요."(자, 잠깐만. 이 대목에선 "공부를 잘 하지 못한다"라는 말이 나와야 하지 않는가.)

"아, 네……. 그렇군요. 공부를 잘 한다니 좋으시겠군요.(?) 부럽습니다.(??)"(큰일이다. '공부를 잘 한다'는 상황은 시나리오에 없었는데 말이야.)

"그러면 자제분에게는 이 학습교재가 필요 없겠군요…….(???)"

뭐야! 완벽하다고 생각한 '극비의 성공 시나리오'가 보기 좋게 실패한 사태가 발생하고 만 것이다.

시나리오에 없는 대답이 나오면 전혀 대응할 수가 없었던 것이다. 애드립이 전혀 불가능했던 나로서는 더 이상의 진전이 있을 수 없었다.

즉시 회사로 돌아 온 나는 그 대응 방법을 사장님과 선배들한테 물었고, 들은 바를 그대로 녹음했다. 그리고는 다시 녹음기를 틀어 놓고 '극비의 성공 시나리오'에 추가하여 다시 전부 암기했다.

"우리 애는 비교적 공부는 잘 하는 편이에요."

"그럼, 크게 걱정하시지 않으셔도 되겠군요. 혼자서 공부하는 능력이 있을 테니까요."

"뭐, 그렇겠지요."

"방금 전에 방문한 고객께서 말씀하시더군요. 초등학교 때 성적이 좋았지만 중학생이 되니까 공부를 어려워하는 것 같다고 하시더라고요."

'극비의 성공 시나리오'에 없던 대화 상황들을 접할 때마다 하나하나 새로 암기하여 추가로 적어 나가다 보니 시나리오는 점차 양이 많아졌다.

고객이 이렇게 말하는 경우에는 이런 식으로, 이럴 땐 이런

'극비의 성공 시나리오'가
'극비의 성공 대화법 설계도'로 발전

● 극비의 성공 시나리오

● 극비의 성공 대화법 설계도

※ 새로운 대화를 매번 추가해 나가는 것이 포인트다.

식으로……

하지만 단순히 기록만 하는 것으로는 되지 않았다. 상황에 따라 여러 가지 설정을 펼쳐 나가다 보니 시나리오는 마치 설계도처럼 되었다.

그리하여 '극비의 성공 대화법 설계도'로 발전하게 된 것이다.

그리고 그러한 노력 끝에 결실을 맺는 날이 오고야 말았다.

● 마침내 계약이 이루어지다

날씨가 맑은 어느 날이었다. 어느 고객으로부터 이런 말을 듣게 되었다.

"그렇다면 주문하겠어요."

이 얼마나 고대하던 말이던가! 어쩌면 이 말을 듣기 위해 태어난 것처럼 느껴졌다 (그때는 정말 다시 태어난 기분이었다).

'정말입니까? 정말 감사합니다!'

목에까지 이러한 말이 치밀어 올랐지만 나는 꾹 눌러 참으며 이렇게 말했다.

"……그러시군요. 자제분이 기뻐하겠군요."

그동안 준비해 온 '극비의 성공 대화법 설계도'의 마지막 대사를 처음으로 사용할 수 있었다.

　신청서에 사인을 받는 것이 내가 하는 것도 아닌데도 이상스럽게 긴장되었다. 겨드랑이를 타고 주르륵 땀이 흘러내렸다. 3분도 걸리지 않은 시간이었는데, 마치 30분이나 걸린 듯한 기분이 들었다.

　그리고 사인을 받은 계약서를 들고 차에 오르고 나자 비로소 '드디어 해냈구나!' 하고 날아갈 듯한 기분을 만끽할 수 있었다.

　하지만 기쁨의 한편으로는 일련의 걱정이 고개를 들었다.

　'계약을 취소한다는 전화가 오면 어쩌나?'

　'내일부터 이런 계약이 다시 생기지 않으면 또 어떻게 하나?'

　이런 생각이 머리 속을 다시 어지럽혔다. 소심한 나의 성격은 어쩔 수가 없었다.

극비의 성공 대화법 설계도가 나를 변화시켰다

	소심한 사람의 특징	그에 따른 결점	극비의 성공 대화법 설계도를 사용했을 때
성격	소극적이다. 성실하다. 근면하다.	기회를 놓치기 쉽다.	기회를 놓친 경험을 살려 설계도를 보완해 갈 수 있다.
사고 방식	적극적인 사고를 가지려 하지만 내면에는 소극적인 사고.	단념을 잘하고 쉽게 행동으로 옮기지 않는다.	잘 될지 어떨지 고민할 필요 없다.
흥정	나약하다. 쉽게 포기한다.	상대가 말한 대로 끌려가기 쉽다.	선택권을 주고 주도권을 잡는다.
판단력	순간적 판단이 이루어지지 않는다.	판단을 못한다.	고객의 말을 토대로 판단을 해나갈 수 있다.
통찰력	심리를 파악하는 데 서툴다.	고객의 진심을 파악하지 못한다.	다양한 사전 준비로 자연스럽게 고객의 진심을 파악할 수 있다.
대화	임기응변적인 대화나 애드립이 불가능하다.	대화를 잘 이끌지 못한다.	암기한 대화법으로 대화가 잘 이루어진다.

1. 구체적인 목표를 세워라. 특히 금전적으로 목표를 세우는 것이 좋다. 나의 경우는 월수 1,000만 원이었다.

2. 자신에게 소심한 성격이 있다면 100번 마인드 컨트롤보다 100번 시나리오를 암기하라. 그러기 위해서는 자신만의 시나리오를 작성해야 한다.

3. 고객을 미소 짓는 얼굴로 대하라. 영업은 웃는 얼굴로 시작해서 웃는 얼굴로 끝난다.

4. 처음부터 완벽해지려고 마음먹지 마라. 문제가 있으면 그때마다 '극비의 성공 대화법 설계도'에 기록하면 된다.

고객의 마음의 문을 열어라

2

당신이 어떤 사람을 당신의 편으로 만들고 싶다면,
우선 당신이 그의 좋은 친구임을 확신시켜라.
– 에이브러햄 링컨

● 이것이 성공으로 가는 유일한 방법이었다

비로소 소심한 성격에도 불구하고 나는 입사한 지 3개월 만에 최고의 실적을 기록하게 되었다. 월수입 740만 원을 달성한 것이다. 그러고 나서 8개월 만에 그토록 염원하던 1,000만 원의 월수입을 이루고 말았다!

"뭐라고? 네가 말한 방법대로 하면 계약이 성사된다고?"

나의 이야기를 들은 친구는 거짓말쯤으로 여길 뿐 절대 믿으려 하지 않았다.

왕년의 슈퍼 세일즈맨이었던 사장의 대화 방식을 빠짐없이 녹음하고, 그것을 시나리오로 작성하여 암기하고, 이를 실전에서 사용하다가 예상치 못한 대화가 나오면 시나리오에 추가해 나가고, 이렇게 해서 '극비의 성공 대화법 설계도'가 완성되었다는 나의 말을 친구는 하찮게 여겼다.

"너의 말대로 암기해서 한 달에 200~300만 원 정도 벌 수 있었다면 모를까, 1,000만 원을 그런 방법으로 번다는 것은 아무래도 믿기 어려워. 진짜 설득의 달인이라든지, 아니면 상대의 마음을 사로잡는 특별한 기술이 없고서야 1,000만 원을 번다는 건 아무래도 무리일 것 같아."

친구는 이렇게 말했다.

도무지 믿으려 하지 않는 친구에게 그 실체를 증명해 보여야 할 것 같아서 나는 둘이서 롤 플레이 대화로 직접 시험해 보기로 했다. 물론 친구는 고객의 역할을 맡았고, 나는 세일즈맨 역할을 맡았다.

한 시간 반 정도의 롤 플레이 대화가 끝났을 때 친구가 이렇게 말했다.

"친구, 이거 정말 암기한 대로 한 거야? 그게 사실이라면 완전 초보자도 뮤지컬 무대에서 주인공 역할을 맡아도 할 수 있게 되는 거나 마찬가지야."

친구의 말 그대로이다. 시나리오를 완벽하게 암기한 것뿐 아니라, 사장과의 롤 플레이 대화에서 녹음한 것들을 들으면서 완전하게 익힌 사장의 말투, 말의 구조, 표정까지 나의 것으로 만들어지자 상담 대화를 자유자재로 할 수 있게 된 것이다.

감탄사인지, 아니면 질렸다는 소리인지 친구는 신음을 내뱉었다.

"이 정도의 경지에 이르다니!"

하지만 이것은 말주변이 없고 애드립이 되지 않는 나에게는 최고의 세일즈맨이 되기 위한 유일한 방법이었던 것이다. 정말이 방법밖에 없었다.

● **Yes · But 대화법**

'극비의 성공 대화법 설계도'를 만들기 전, 13번째의 영업직 도전을 결심했을 때 나는 영업에 관련된 서적을 모조리 사서 숙지하기 시작했다. 그리고 그 서적에서 공통적으로 발견한 것이 있었다.

'잘 나가는 영업자는 대화의 캐치볼을 잘 한다.'

흔히 대화를 캐치볼로 비유한다. 캐치볼은 상대방이 던진 공을 정확히 받아서 그것을 상대방이 받기 쉬운 곳으로 다시 던진다. 대화도 이와 같다는 이치다. 상대방 대화의 요지를 바르게 이해하여 답변함으로써 대화는 진전된다.

나는 그 구체적인 방법으로 'Yes · But 대화법'이 있다는 것을 알았다.

'Yes · But 대화법' 이란?

대화에서 고객의 거절을 있는 그대로 받아들이면서 처음에는 'Yes'로 (인정하는 것으로) 시작하여, 'But'으로 반격하는 대화법이다. 이것으로 고객과의 자연스러운 대화를 진전시켜 나갈 수 있게 된다.

영업 관련 서적을 뒤적이던 나는 이 부분에서 시선이 멈추고 말았다.

'바로 이것이다! 자연스럽게 대화를 진전시키는 이 방법이다! 좋아, 이 방법을 대화에 사용해 보는 거야!'

나는 책에 써 있는 대로 실천해 보았다.

"우리 집 애는 공부하지 않으니까 필요 없어요."

"그렇군요. 그런 경우가 많아요. 그래도 어머님께서도 경험해 보셔서 잘 아시겠지만…….." (공부하지 않아서 잘 아시는 거죠?)

"경험해서 잘 알다뇨……." (고객이 반쯤 화가 났다.)

"…… 그렇다는 얘기죠."

책의 내용대로 해보려고 했지만 잘 되지 않았다. 대화가 엉뚱한 방향으로 나오고 말았다. 이렇게 되면 더 이상 대화가 원활하게 이어질 수 없게 된다.

그 원인을 사장님과의 롤 플레이 대화에서 정확히 알 수 있게 되었다. 그러한 방식이 틀렸다는 사실을. 왕년의 슈퍼 세일즈맨의 대화는 역시 달랐기 때문이다.

● Yes 3회 연속 · But 대화법

원인 분석은 다음과 같다.

'Yes · But 대화법'에서 'Yes' = "그렇군요" 보다 'But' = "그래도" 쪽이 아무래도 강한 느낌을 받게 된다. 말하자면 대화 중에 고객은 "그래도" 이후의 말에 인상을 강하게 받는다. 그렇다면 'Yes'가 약한 것이다.

즉, 이 정도의 'Yes'로는 고객을 설득하는 데 전혀 소용이 없다. 그러므로 대화가 제대로 이루어질 수가 없다.

이를 해결하기 위해서는 어떤 방식이 좋을까? 'Yes·But 대화법'을 보강하여 'Yes'를 더욱 강조해야 한다.

그래서 고안된 것이 바로, 'Yes 3회 연속 · But 대화법'이었다.

구체적으로 정리하자면 다음과 같이 된다.

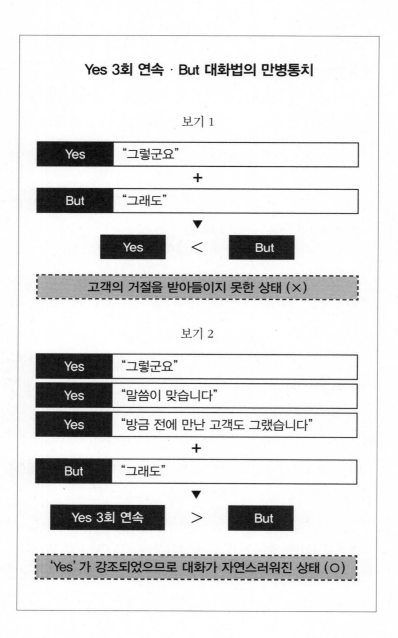

Yes 3회 연속 · But 대화법의 만병통치

보기 1

| Yes | "그렇군요" |

+

| But | "그래도" |

▼

| Yes | < | But |

고객의 거절을 받아들이지 못한 상태 (×)

보기 2

Yes	"그렇군요"
Yes	"말씀이 맞습니다"
Yes	"방금 전에 만난 고객도 그랬습니다"

+

| But | "그래도" |

▼

| Yes 3회 연속 | > | But |

'Yes'가 강조되었으므로 대화가 자연스러워진 상태 (○)

"우리 집 애는 공부하지 않으니까 필요 없어요."

"그렇군요 (Yes 1회). 말씀이 맞습니다 (Yes 2회). 방금 전에 만난 고객도 그런 말씀을 하셨거든요 (Yes 3회). 요즘 애들 공부 하지 않으려고 해요. 그래도 (But) 어머님께서는 어릴 때 공부 열심히 하셨잖아요."

이렇게 되면 대화는 탄력을 받게 되어 다음 단계로 자연스럽 게 넘어가게 된다.

● 경계심을 푸는 벽에 던지는 캐치볼

그렇지만 이것만으로는 부족하다. 사장님과의 롤 플레이 를 하면서 깨닫게 된 것이 있었다. 그것이 무엇인가 하면 접근 단계에서는 '대화의 캐치볼이 잘 되지 않는다' 는 것이다. 무슨 말인지 설명해 보겠다.

접근 단계에서는 고객이 경계심을 갖고 있기 때문에 고객의 대화를 이끌어 내기가 여간 어렵지 않다. 뿐만 아니라 영업하는 쪽에서 던지는 대화의 캐치볼을 제대로 받아 주지도 않는다. 일 단 고객은 접근하면 경계심을 갖기 때문에 어떤 말을 하는지 듣 기만 한다 (단점을 찾으려 한다).

말하자면 공을 벽에다 던지는 것과 마찬가지라고나 할까. 그

러므로 접근 단계에서 '대화의 캐치볼'이 이루어진다고 생각해
서는 안 된다.

　그렇다면 우선 공을 벽에다 던지는 것부터 해야 한다. 경계심
을 풀기 위해 대화의 공을 벽에다 던진다. 그리고 벽(고객)에서
튕겨 나온 공을 받는다. 이것을 반복하다 보면 서서히 고객의
경계심이 풀어지게 된다. 고객의 경계심이 풀어질 때까지 반복
하는 노력이 필요하다.

　나는 이것을 '경계심을 푸는 벽에 던지는 캐치볼'이라고 이름
붙였다.

　이것은 사장님과의 롤 플레이 대화에서 깨닫게 되었다. 이를
깨닫지 못했을 때 나는 왜 나만 대화가 잘 이루어지지 않는가
하고 괴로워했었다.

　'접근 단계에서는 벽에 던지는 캐치볼을 해보라!'

　이를 접목시킨 대화의 사례는 다음과 같다.

고　　객　　우리 집 애는 공부하지 않으니까 필요 없어요.

세일즈맨　　그렇군요. 말씀이 맞습니다. 방금 전에 만난 고객도
　　　　　　그런 말씀을 하셨거든요. 요즘 애들 공부하지 않으려
　　　　　　고 해요. 그래도 어머님께서는 어릴 때 공부 열심히
　　　　　　하셨잖아요.

고 객	뭐, 그랬지요.	

고　　　객　뭐, 그랬지요.

세일즈맨　맞습니다. 저도 그랬지만, 저희 때는 모두 열심히 공
　　　　　부했어요……. 그렇지만 지금은 사실 공부가 그때보
　　　　　다 3배는 어려워졌어요. 알고 계시죠?

고　　　객　그런 거 같더라고요.

세일즈맨　정말 그렇습니다. 어려워졌어요. 어머님 때는 학원을
　　　　　다닌 학생들이 지금처럼 많지 않았잖아요? 하지만
　　　　　요즘은 학원에 다니지 않는 학생이 없어요. 그만큼
　　　　　공부가 어려워졌다는 거죠.

고　　　객　맞아요. 벌써 초등학교 고학년이 되면 공부가 어렵더
　　　　　라고요. 내가 가르치기가 힘들 정도예요.

　이런 식으로 고객의 경계심을 푸는 대화를 해나가다 보면 어
느새 재미있게 대화가 진전된다. '대화의 캐치볼' 단계로 자연
스럽게 넘어가게 되는 것이다. 여기서 핵심으로 들어가면 된다.

　"맞는 말씀입니다. 음, 이건 자제분께서 공부해야 할 학습교
　재입니다만……."
　"아, 그런 것이 있었군요."

　이렇게 되면 거리를 두고 이야기를 듣던 고객은 학습교재를
펼치면 들여다보게 된다. 고객이 학습교재에 대한 설명을 '듣고

싶은 마음 상태'가 되기 시작한 것이다. 그러므로 자신의 자녀에게 도움이 되는 이야기이므로 관심을 갖게 되는 것은 당연한 일이 아니겠는가.

하지만 아무리 흥미를 끄는 물건일지라도 고객이 이야기를 들을 준비가 갖춰지지 않은 상태에서는 '소귀에 경 읽기'가 되기 십상이다. 그러므로 무엇보다 듣고 싶은 마음 상태가 되도록 유도하는 것이 중요하다.

벽에 던지는 캐치볼을 반복하여 던져서 '대화의 캐치볼' 단계로 넘어가게 되면 대화는 착실하게 진행된다.

● 대화를 가로막는 5대 장벽

이런 식으로 경험을 쌓아 가다 보니 나는 고객의 거절 방식이 무수히 존재하는 것이 아니라 한정되어 있다는 사실을 알게 되었다.

나는 고객의 거절 방식을 다섯 가지의 패턴으로 정리해 보았다.

이것을 '5대 장벽'이라고 부른다.

5대 장벽의 기본적인 대응법은 세일즈 측에서 고객에게 먼저 제시하는 것이다. 이것이 '부정적인 요소를 사전에 없애는 비

5대 장벽

학습교재의 경우

1	없어도 됩니다	교과서와 학원, 과외 공부로 충분하다
2	좋지만 아직은 필요 없습니다	학교 공부만으로도 시간이 없으니 학습교재는 필요 없다
3	비쌉니다	학습교재는 비싸다. 참고서가 훨씬 싸다
4	결정하지 못했습니다	당장 결정할 수 없다. 여러 가지 비교할 필요가 있다
5	상의해 보아야 합니다	혼자서는 결정할 수 없다

▼

5대 장벽의 기본적인 대응법으로 해결

결' 이다.

즉, 5대 장벽의 공을 위험을 무릅쓰고 고객에게 던지는 것이다. 그렇게 되면 고객은 강력한 질문과 함께 거부감의 공을 되던지게 된다. 이럴 때 어떤 공일지라도 정확하게 파악하지 않으면 안 된다. 이런 의미에서 세일즈맨은 투수가 아닌 포수의 역할에 충실해야만 하는 것이다.

만약 포수의 역할을 완벽하게 하지 않으면 다음 단계로 결코 진전될 수 없다.

● **절대 거절당하지 않는 5대 장벽의 대응법**

5대 장벽을 어떻게 돌파해 나갈 것인가?

우선 제 1단계에서 "없어도 됩니다"라고 말하는 고객에 대한 대응법을 살펴보자.

5대 장벽 ① '없어도 됩니다'

세일즈맨 방금 전에 만난 고객께서는 '우리 집 애는 참고서만으로 충분해요' 라고 말씀하시더군요. 그런데 자제분은 어떻습니까? (세일즈맨 입장에게는 '불필요한 화제 = 장벽' 을 군이 제시한다.)

고 객	그래요. 우리 집 애도 다른 것 필요 없이 참고서만 으로도 충분하다고 생각해요. (상대방은 참고서만으로 충분하다고 확신하고 있다.)
세일즈맨	그러시군요. 사실은 어제 만난 고객도 그런 말씀을 하셨어요. 그렇지만 아이의 숙제를 도와주려고 교과서를 살펴보다가 이해하기 힘든 부분이 있어서 참고서를 찾아보셨다더군요. 그런데 그 참고서가 교과서하고 다른 부분이 많아서 어떻게 참조해야 할지 난감했다고 말씀하셨어요. 결국 그 참고서가 별로 도움이 안 됐다고 하시더군요. (넌지시 참고서의 불필요성을 얘기한다.)
고 객	그렇기야 하겠어요? (이때 놀라는 표정을 지어 보인다.)
세일즈맨	맞습니다. 자제분께서는 공부를 잘 하는 편이죠? (여기서는 칭찬을 한다.)
고 객	그렇지는 않아요. (웃음. 상대방이 수줍어한다.)
세일즈맨	그렇습니까? 방금 전에 만난 고객께서는 참고서가 교과서하고 다른 부분이 많아서 별로 도움이 안 된다고 말씀하시면서 점점 학년이 높아질수록 공부가 더욱 어려워지니까, 그게 걱정된다고 말씀했습니다. 이런 얘기는 다른 데서도 자주 듣습니다. (한 번 더 참고서의 불필요성을 강조한다.)
고 객	그런가요?

이 짧은 대화 과정에서 고객의 말이 조금씩 변하는 것을 느끼게 된다.

"참고서만으로 충분하다고 생각해요"

↓

"그렇기야 하겠어요?"

↓

"그렇지는 않아요.(웃음)"

↓

"그런가요?"

먼저 공을 던지게 되면 처음에는 고객은 '참고서만으로 충분하다' 는 위협의 공을 되던지게 된다. 이럴 때 'Yes 3회 연속 · But 대화법' 으로 받아 내면 어느 사이에 고객이 되던지는 대화는 부드러워지고, 차츰 대화를 주도할 수 있게 되는 단계로 넘어간다.

그렇게 되면 '참고서만으로 충분하다' 는 고객의 장벽은 허물어지게 되고, 다시 다음 장벽들도 마찬가지로 해결해 나가면 된다.

유비무환이라는 말도 있듯이 먼저 장애가 될 요소들을 파악하여 대비해 놓은 다음 먼저 선제공격을 해나가는 방식이다.

세일즈맨이 가장 싫어하는 것은 고객의 거절일 것이다. 한편으로 보면 고객 입장에서도 거절하는 것이 어려운 일이다. 그러므로 세일즈를 하는 쪽에서 먼저 거절할 만한 이유들을 제시하는 것은 고객으로 하여금 공감대를 유도하고 경계심을 푸는 작용을 하게 된다.

그리고 5대 장벽의 모든 장애 요소를 먼저 제거하게 되면 고객은 거절할 말이 없어진다. 이때 본격적으로 공략의 단계로 들어선다.

일전에 한 친구로부터 이런 이야기를 들었다.

"그런 식으로 이야기하다 보면 생각지도 못한 방향으로 빠지는 경우는 없어?"

"있지. 처음에는 고생했어."

"그럼, 지금은?"

"지금은 문제가 없지."

그렇다면 그 비결은 무엇인가?

● 고객의 시간 때우기 상대가 되면 안 된다

고객과 상담하다 보면 때로는 이야기가 초점에서 벗어나 전혀 관계없는 엉뚱한 곳으로 빠지는 경우도 있다.

이런 경우가 있었다.

"자제분이 중학생이었을 때 학원을 다녀서 효과가 있었습니까?"

"천만에요. 공부를 하러 간 건지, 놀러 간 건지……. 그냥 부모 입장에서는 보내는 것이 안 보내는 것보다는 안심이 되니까요."

"학원에서 두 과목만 배우게 해도 3년이면 큰돈이지 않을까요? 안심을 얻기 위해 많은 돈을 쓰는 셈이죠."

"그렇죠. 딱히 계산해 본 적은 없지만, 그래도 학원에 보내는 비용은 큰돈이죠."

여기까지는 '극비의 성공 대화법 설계도'에 있는 경우라서 문제가 되지 않았다. 하지만 이야기는 이미 다른 곳으로 빠지고 있었다.

"그러니까 우리 남편이 나더러 교육 방식이 잘못되었다고 따지더라고요. 그래서 내가 화가 나서 따졌어요. '나한테 맡겼으면 가만있어라'고 했어요. 그리고 '당신이 아이 교육 문제에 언제 신경이나 썼냐. 문제가 생기면 전부 내 탓으로만 돌리지 않느냐'고 따졌어요. 그렇지 않아요? 화가 나서 부부 싸움을 하고 있으면 아이가 곁에서 보고 있다가 '나는 공부 같은 건 관심 없어' 하고 말해요. 정말이지……." (이하 생략)

이런 하소연 같은 이야기에 일단 말려들면 빠져 나오기도 힘들다. 그렇다고 그만 하라고 소리를 지르고 싶지만 그렇게 할 수 있겠는가.

어떤 때는 일방적으로 이런 이야기를 3시간이나 듣는 경우도 있었다. 그러다가 당황스럽게도 지금까지 한 이야기는 아무렇지도 않은 듯 태도가 변해 버린다.

"어머나 벌써 시간이 이렇게 됐나. 저녁식사 준비를 해야겠네요. 그럼 다음에 또 들려주세요."

이런 경험은 번번이 하게 된다. 나는 단지 고객의 시간 때우기 상대에 지나지 않았던 것이다.

● 극비의 성공 대화법 설계도에 숨겨진 비결

그리하여 나는 이런 경우 고객의 기분을 상하게 하지 않으면서 벗어날 수 있는 방법은 없을까 하고 궁리하게 되었던 것이다.

그러던 어느 날, 문득 머리에 떠오르는 것이 있었다.

그것은 이미 '극비의 성공 대화법 설계도' 안에 있었던 것이다.

앞서 대화가 유도하는 방향에서 벗어났을 때 어떻게 하느냐고 친구가 물었다. 사실 그때 필요한 것은 바로 임기응변식 대화법, 즉 애드립이다. 대화는 정해진 방향으로만 절대 이루어지지 않는다. 반드시 애드립이 필요해진다. 그렇다면 애드립을 할 줄 모르는 나는 어떻게 하면 좋을까. 나는 이런 상황을 맞았을 때는 고육지책으로 이렇게 하고 있다.

대화가 의도하는 대로 진행되지 않고 엉뚱한 데로 빠질 때, 'Yes 3회 연속 · But 대화법'으로 궤도 수정을 하는 것이다.

나는 'Yes 3회 연속 · But 대화법'으로 위기를 모면하고 계약을 성사시킬 수 있었다. 'Yes 3회 연속 · But 대화법'을 앞의 회화에 응용하면 이렇게 된다.

고　　　객　　그렇죠. 딱히 계산해 본 적은 없지만, 그래도 학원에
　　　　　　　다니는 비용이 큰돈이죠. 그러니까 우리 남편이 나
　　　　　　　더러 교육 방식이 잘못되었다고 따지더라고요. 그래
　　　　　　　서 내가 화가 나서 따졌어요. '나한테 맡겼으면 가
　　　　　　　만있어라.' 그리고 '당신이 아이 교육 문제에 언제
　　　　　　　신경이나 썼냐. 문제가 생기면 전부 내 탓으로만 돌
　　　　　　　리지 않느냐'라고 되물었어요. 그렇지 않아요? 화가
　　　　　　　나서 부부 싸움을 하고 있으면 아이가 곁에서 보고
　　　　　　　있다가 '나는 공부 같은 건 관심 없어' 하고 말해요.
　　　　　　　정말이지……. (이 정도까지 이야기를 듣다가 틈을 놓
　　　　　　　치지 않고 'Yes 3회 연속 · But 대화법'을 사용한다.)

세일즈맨　　걱정스러우시겠군요 (Yes 1회). 방금 전에 만난 고객께
　　　　　　서도 같은 고민을 말씀하시더군요 (Yes 2회). 아이의
　　　　　　교육 문제는 참으로 어려워요 (Yes 3회). 정말 공감합
　　　　　　니다! (이건 보너스) 그러면 어머님께서는 자제분의
　　　　　　공부를 앞으로 어떻게 하실 생각입니까?

고　　　객　　그게 고민이에요. (좋았어! 궤도 수정이 필요하다.)

세일즈맨　　학원을 보내도 효과가 없는 이유가 무엇이라고 생각
　　　　　　하십니까? (여기서부터는 설계도대로 한다.)

'야, 내가 생각해도 멋진 상담이다!'

이것이 바로 'Yes 3회 연속 · But 대화법'의 위력이다. 아무리
대화가 다른 쪽으로 빠지더라도, 어떤 경우에도 이 대화법을 사
용하면 간단히 대화를 원래의 방향으로 되돌리는 것이 가능하다.

재차 깨닫게 된 사실이지만 나는 이 방법이 대화의 만병통치
정도로 효과가 있다고 생각한다.

3회 연속(4회 연속도 된다)으로 고객에게 호응을 한 다음 원
래의 방향으로 들어가는 것이 좋다는 것이다. 그렇게 되면 고객
에게 거부감을 주지 않고 자연스럽게 대화의 궤도 수정을 할 수
있게 된다.

대화의 만사형통은 바로 'Yes 3회 연속 · But 대화법'인 것이다.

1. 'Yes 3회 연속 · But 대화법'을 사용하여 고객과의 대화를 자연스럽게 다음 단계로 이끌어라.

2. 접근 단계에서는 고객의 경계심을 푸는 '벽에 던지는 캐치볼' 대화를 하라.

3. 5대 장벽은 '부정적인 요소를 사전에 없애는 비결'로 해결하라.

4. 고객이 거절할 만한 이유들을 사전 제시하여 고객의 공감대를 얻고 경계심을 풀어라.

5. 고객의 시간 때우기 상대가 되어서는 안 된다. 이럴 때는 'Yes 3회 연속 · But 대화법'으로 대화를 궤도 수정하라.

고객의 구매욕을 자극하라

3

제3장 | 고객의 구매욕을 자극하라

이 세상에서 다른 친구들을 설득할 수 있는 유일한 방법은
그가 원하는 방법에 대해 이야기하고
그것을 가질 수 있는 방법에 대해 말해 주는 것뿐이다.
– 데일 카네기

● 구매욕을 자극하는 연상 대화법

이것도 또한 '극비의 성공 대화법 설계도'가 완성되기 전,
영업 관련 서적들을 모조리 탐독할 때 눈에 띈 문구이다.

"잘 나가는 세일즈맨은 상황을 연상시켜 구매욕을 자극한다."

거기에는 이런 내용이 적혀 있었다.

가상 체험을 시켜라
고객에게 그 상품을 사용하고 있는 장면을 연상하도록 한다. 그

리고 그 상품을 사용함으로써 얻을 수 있는 좋은 점을 말해 준다. 가상 체험을 하도록 하는 것이 핵심이다.

'가상 체험……. 이것으로 구매욕을 자극시키면 계약이 절로 성사된다는 말인가! 좋아! 연상 대화법을 개발해 보는 거야!'

나는 공부하기 싫어하는 아이를 점점 공부에 흥미를 느끼게 만들어 고객이 즐거워지는 장면을 연상하도록 하는 대화법을 생각해 보았다.

"자네에게는 인내심이 필요하네."

"이런 것도 제대로 하지 못한다면 무슨 일을 하든지 안 되는 거라네."

"언제나 이런 식으로 포기하고 말 건가?"

전직 100회 이상, 그동안 영업으로 12번을 실패해 온 나는 직장을 그만 둘 때마다 상사나 사장님으로부터 이런 말을 들어왔다. 그러면서도 계속 직장을 찾아 이리저리 옮겨 다녔던 나는, 도무지 성공할 가능성이라고는 생각할 수 없었다. 그 고뇌에 찬 나날들 속에서의 경험들이 완벽한 기적의 대화법을 만들어 낸 것이다.

이 대화법으로 일단 고객이 관심을 갖고 끝까지 이야기를 듣게 된다면 30퍼센트의 계약률은 가능하게 될 것이라고 생각했다.

"상상해 보십시오. 자제분이 공부할 때 이해하기 쉽고 참고하기 쉬운 지침서가 있다면 공부에 자신이 붙게 됩니다. 그렇게 되면 자연히 시험 성적이 좋아지게 되고, 또한 점점 공부가 재미있어지겠죠. 자제분도 선생님한테 칭찬을 받게 될 테고요. 그리고 자제분의 친구들도 부러워하겠죠. 일단 재미를 붙이면 공부를 자꾸 하려고 할 거예요. 그러면 공부는 가속이 붙게 됩니다. 그런 경우를 상상해 보십시오!"

'아, 완벽하다!'
나는 녹차를 홀짝홀짝 마시면서 마음속으로 외쳤다.
그렇지만 어찌된 일인지 30퍼센트의 계약률은 고사하고 끝까지 이야기를 들으려 하지도 않았다.
이 대화법이 아직은 너무 앞서가는 방식인가? 그렇지 않고서야……. (그때까지만 해도 나는 이런 생각을 했었다. 잘못된 생각이었지만.)

● 고객이 스스로 필요성을 느끼게 하라

결론부터 말하자면 내가 고안한 연상 대화법이 시대를 앞서 나간 것이 아니라, 단지 이야기를 꺼내는 타이밍이 너무 빨랐던 것이다.
즉, 아이가 공부를 잘 하게 되어 즐거워지는 장면을 고객이 상상하도록 하기 위해서는 먼저 하지 않으면 안 되는 것이 있었다.

그것은 우선 고객이 스스로 어려운 점을 느끼게 만드는 것이다. 그래서 그 어려운 점을 해소하기 위해 학습교재를 사용하여야 한다는 점을 스스로 느끼도록 대화를 유도해 나가는 것이다.

이것이 중요한 포인트다.

어떤 상품을 팔더라도 고객이 스스로 느끼는 상황을 만드는 것이 중요하다는 말이다. 그래야만 고객이 직감적으로 필요성을 인식하게 되기 때문이다.

"요즘 많은 아이들이 공부에 지장을 느끼는 것은 무엇 때문일까요?"

이런 식으로 물음을 던지면 고객은 필요성을 생각하게 된다. 부모의 입장에서가 아니라 공부하는 자녀의 입장에서 생각하게 만든다.

나아가 자신이 공부하는 입장이 되어 사용 여부를 결정짓게 만드는 것이 중요하다.

이렇게 되면 5대 장벽 중 하나인 "좋지만 아직은 필요 없어요" 하는 단계가 해소되게 된다.

5대 장벽 ② '좋지만 아직은 필요 없어요'

세일즈맨　　요즘 아이들이 공부를 어려워해요. 교과서만 가지고
　　　　　　공부하기 힘드니까요.

고　　객	교과서만 가지고 공부하기 어렵지요. 하지만 우리 집 아이는 학습교재를 볼 시간이 없어요. 그래서 이 학습교재가 좋기는 하지만 아직은 필요하지 않을 것 같아요.
세일즈맨	말씀하신 대로 입니다. 방금 전에 말씀하셨듯이 요즘 정말 교과서가 어렵게 되어 있어서 다른 것을 공부할 시간이 없어요. 그렇지만 어머님께서 학창 시절로 돌아가서 이 교과서를 보고 있다고 상상해 보세요…….
고　　객	음.
세일즈맨	잘 아시다시피 교과서는 이해할 만큼 설명이 충분하지 않아요.
고　　객	그렇긴 하지만…….
세일즈맨	숙제할 때를 예로 들면, 교과서만 봐서는 제대로 이해하지 못하니까 참고서를 사서 보게 되죠. 하지만 참고서가 교과서와 다른 부분이 많아서 별로 도움이 안 된다는 고객의 말씀을 자주 들었어요. 그렇게 되면 참고서도 사용하지 않게 되고요.
고　　객	그렇지요. 그 비싼 참고서가 소용없어지지요.
세일즈맨	그렇다면 이렇게 생각해 보시면 어떨까요? 만일 어머님께서 숙제를 하신다고 한다면 설명이 부족한 교과서와 설명이 잘 되어 있는 학습교재 중 어떤 것

		을 사용하시겠어요? 당연히 설명이 잘 된 학습교재를 선택하실 겁니다.
고 객		나 공부할 때는 ○○ 참고서가 좋았는데……. (이러면 됐다.)
세일즈맨		아, 어머님께서도 ○○ 참고서를 보셨군요? 야, 실은 저도 그 참고서로 공부했거든요. 그 참고서로 성적이 오르긴 했습니다만……. 방금 전에 만난 고객께서는 '그 참고서만 봐서 성적이 오른다면 모두 그걸 보지 누가 안 보겠냐' 고 하시더군요.
고 객		그런가요. 그런데 요즘도 그 참고서가 팔리고 있지 않나요? (음, 날카롭다.)
세일즈맨		팔리고 있지요. 하지만 그 참고서를 보면 사실 제대로 공부할 수 없어요. 여기 이 학습교재의 이 부분을 좀 보세요.
고 객		여기요?
세일즈맨		그렇습니다. 이해하기 쉽게 잘 설명되어 있지요? 공부에서 중요한 것은 이해를 제대로 하느냐 입니다. 어떻습니까? 3년 동안 설명이 부족한 교과서만 가지고 공부하는 것하고, 이해하기 쉽게 설명이 잘 되어 있는 학습교재로 공부하는 것하고, 어머님이시라면 어느 쪽을 선택하시겠습니까?
고 객		물론 그렇지만.

이 대화의 숨겨진 비결은 고객이 학창 시절로 돌아가서 공부하는 기분이 들도록 만드는 데 있다.

고객으로 하여금 학창 시절을 떠올리게 하여 관심을 유도하고 교과서를 살펴보도록 한다. 이때 교과서가 설명이 잘 되어 있지 않다는 것을 깨닫게 한다. 그리고 설명이 잘 되어 있지 않은 교과서와 설명이 잘 된 학습교재를 비교해 준다.

그 느낌을 유지하기 위해서 "어머님께서 학창 시절로 돌아가서……", "만일 어머님께서 숙제를 하신다고 한다면……" 하는 말들을 연발하는 것이다.

이름하여, '타임머신 대화법'이다.

이 대화법은 고객을 타임머신에 태워 학창 시절로 데리고 가는 것이다. 즉 고객으로 하여금 학창 시절의 경험을 떠올리게 하여 학생의 입장에 서도록 하는 것이다. 이러한 구체적인 이미지를 가상 체험하게 만들면 계약으로 접근되어 간다.

이 타임머신 대화법은 과거로 거슬러 올라가는 경우에만 이용되는 것은 아니다. 예를 들면 이 대화법을 부동산 영업에서 사용할 경우를 보자.

고객은 한쌍의 신혼부부다. 두 사람은 아이를 무척 좋아한다.

이런 경우, 신혼부부를 타임머신에 태워 5년 후쯤으로 데리고 가보자. 멋진 집의 정원에서 아이들이 활기차게 뛰어다닌다. 그리고 부부는 다정스럽게 나무 그늘에 앉아서 그 모습을 지켜보면서 미소 지으며 행복해 한다.

한 가족이 멋진 집에서 행복하게 사는 모습을 이미지로 떠올리게 할 수 있다면 고객은 들뜨게 될 것이다.

즉, 타임머신 대화법은 과거뿐만 아니라 미래로도 고객을 모시고 갈 수 있다.

고객에게 상당한 효과가 있는 방법이다. 한 번 해보라고 부탁하고 싶다.

● 상품을 먼저 이해하라

사실 학습교재 판매에 도전하려고 마음먹은 데에는 나는 이런 생각을 갖고 있었기 때문이었다.

'아이들이 참고서를 잘 사용하지 않는 데는 이유가 있다. 아이들은 스스로 이해하고 싶어 한다. 하지만 참고서는 그것을 만족시켜 주지 못한다.'

나 자신을 돌이켜 보자면, 부모님이 참고서를 사주었을 때 나는 교과서와 내용이 다른 참고서를 사용하기 어려웠다. 그러다가 점차 참고서를 보지 않게 되자 부모님은 나를 나무랐다.

"모처럼 비싼 돈을 주고 사주었는데 왜 안 보는 거냐!"

내가 학습교재 판매회사에서 일할 것을 결심한 데는 그 학습교재가 교과서에 '완전히 충실' 하였기 때문이었다.

단지 내용이 교과서에 완전히 충실하기 때문에 판매가 쉬울 것이라고 생각한 건 아니었고, '나도 이런 학습교재라면 사용할 것' 이라고 생각했기 때문이다.

그런 생각을 했기에 어느 정도 고객을 설득할 수 있다는 자신감이 조금은 있었던 것이다. 그 누구라도 나쁜 성적을 원하지 않을 것이며, 좋은 성적을 얻고자 할 것이다. 이건 당연지사다. 책을 사고자 하는 마음이 100퍼센트 없을 리가 없다.

그리하여 내가 고안한 '연상 대화법' 을 이용한다면 '어쩌면 30퍼센트 계약률은 달성할 수 있지 않을까' 하는 당치 않은 생각을 하게 되었던 것이다. 그러나 진정으로 고객을 위하고 배려한다고 해도 상품에 대한 이해가 없으면 쓸모없는 대화가 되고 만다. 뿐만 아니라 무시당하기까지 한다. 고객 만족이라는 네 글자를 충실하게 따르면서 상담을 한다고 해도 공치사에 그치는 경우가 많다.

진검 승부로 영업을 시작한 이래 새삼 가슴 깊이 절감한 사실이다.

'상품에 대한 제대로 된 이해가 중요하다' 는 것을.

이것은 나만의 추측일지 모르지만 영업력이 약한 세일즈맨 대부분이 지난날의 나처럼 상품에 대해 이해가 제대로 되어 있지 못해서 그런 건 아닐까 하는 생각이 든다.

● 거절당했을 때의 접근법, 관심 유도 대화법

나의 경우는 접근 단계에서부터 거부당하는 일이 많았다.

기본적으로 전화로 상담 약속이 정해지면 고객을 방문하게 된다. 여기서 '기본적으로'라고 말한 것은 상담 약속이 잡히지 않았는데도 방문하는 경우가 많았기 때문이다.

방문 약속이 전혀 이루어지지 않았는데도, 텔레마케팅 담당자가 고객과의 상담에서 '이야기가 잘 진행되었다고 여겨졌지만 약속 시간을 잡지 못한 경우'나 '다시 한 번 전화를 해볼 만한 경우'에 약속이 잡혔다고 말하기도 하는데, 이럴 때 막상 방문을 해보면 약속하지 않았다는 말과 함께 거부당하는 경우가 많다. 고객이 거짓말을 하는 건지 텔레마케팅 담당자가 거짓말을 한 건지 그 진위를 가리기도 어렵다.

"예에? 분명 상담을 약속하지 않았습니다"라는 말을 들을 때 "아, 네 그렇습니까. 알겠습니다" 하고 물러날 수는 없다. 그러므로 은근슬쩍 말머리를 돌리면서 고객에게 대화를 시도해야 한다.

비록 고객이 거절을 하더라도 약속을 한 고객을 대할 때와 마찬가지로 상담을 시도해야 한다.

고객이 거절한 경우의 접근

고　　객　예에? 분명히 상담을 약속하지 않았습니다.

세일즈맨　아, 네 그렇습니까. 죄송합니다. 방금 전에 만난 고객도 전화 안내를 들으시고 학습교재 판매로 착각하셨다더군요. 어머님께서도 잘못 알고 계신 건 아닐까 해서 이렇게 찾아뵈었습니다만…….

고　　객　학습교재 판매가 아니라면 뭐죠?

세일즈맨　아, 어머님께서도 잘못 알고 계셨군요. 자제분이 새 학기가 시작될 때 사용할 교과서를 출판하는 회사에서 안내차 왔습니다.

고　　객　어째서 교과서 출판사의 사람이 이렇게 찾아오신 거죠?

세일즈맨　예, 저희 교과서 출판사에서는 새 학기 교과서 견본을 미리 보여 드리고, 그리고 차후에 학부모께서 어떤 참고서를 선택하고 어떤 학원을 선택할 건지 파악하고자 이렇게 방문하고 있습니다. 그리고 저희 회사에서 발행하고 있는 학습교재의 예약 신청자수를 파악하고 있습니다.

고　　객　학습교재요? 우리는 필요 없습니다만.

세일즈맨　이 학습교재는 필요하다고 생각하시는 분들만 숫자를 파악하여 발행됩니다. 그렇기 때문에 부담 없이 들으셔도 됩니다.

고　　객　…….

세일즈맨　우리 회사의 학습교재 안내는 오늘로 이 지역이 마지막입니다. 그렇기 때문에 모처럼 찾아온 기회이니까 들어나 보시죠?

고　　객　이야기 듣는 것이야 상관없지만…….

세일즈맨　물론입니다!

종종 "영업은 거절당했을 때부터 시작된다"라는 말을 한다. 하지만 지금의 경우는 고객이 진심으로 거절하고 있다고 볼 수 없다.

그렇기 때문에 정말로 거절하고 있는 것인지, 일단 거절하고 보는 것인지 확인할 필요가 있는 것이다.

"분명 상담을 약속하지 않았습니다"라는 말을 들었을 때 일단 수긍하면서 다른 식으로 말을 유도해 나간다. 그래도 대화를 듣지 않으려 한다면 더 이상 상담을 할 필요는 없다. 하지만 "이야기 듣는 것이야 상관없지만"이라는 말을 들을 경우는 고객의 의사를 확인할 필요가 있게 된다. 절반의 성공은 한 셈이니까.

그렇다면 대화를 분석해 보자.

'학습교재 판매라고 잘못 알고 계신 건 아닌가 하고요?'
↓

'아니라면 뭐죠?'

↓

'교과서 출판사에서……'

↓

'어째서 교과서 출판사의 사람이……'

이와 같이 '대화를 연결시켜 나가는 것'이 중요하다.

실패의 경우를 예로 들자면 "자제분 공부 문제로 걱정되는 일은 없으십니까?" 하고 물으면 반드시 상대방은 "걱정되는 일 없어요"라고 대답하게 된다. 이렇게 되면 대화는 더 이상 이어지지 않게 된다. 이것은 스스로 거절을 당하고자 하는 행위가 되어 버린다.

이야기를 꺼냈을 경우는 고객으로부터 관심을 유도해 냈을 때 비로소 상담은 계속될 수 있는 것이다.

고객이 물음을 던지는 것은 이미 관심을 가지고 있다는 것을 의미하며, 이때를 놓치지 않고 관심을 계속 유지시켜 나가야 한다.

"아니라면 뭐죠?"라는 말이 나오면 세일즈맨은 반드시 대답을 하지 않을 수 없다.

이것이 '관심 유도 대화법'이다.

즉, 싫다고 해도 상담은 계속될 수밖에 없는 상황이 되어 버린다.

그렇다 하더라도 마지막에 고객이 "괜찮습니다"라든가 "필요 없어요"라는 말을 한다면 이미 상담은 더 이상 불가능하게 된다. 여기서는 상담을 끝내야만 할 것이다.

● 무서운 효과를 가져오는 안전지대 대화법

포인트가 하나 더 있다. 그것은 압박감을 전혀 주지 않기 위해 반드시 선택권을 고객에게 일임해야 한다는 것이다.

"관심 없으시면 신청하실 필요는 없습니다."

이런 식으로 '고객을 안전지대로 유인하는 것'이다.

여기에서는 "부담 없이 들으셔도 됩니다"라는 부분이 바로 안전지대이다.

그리고 '선택권을 주는 것이 주도권을 쥐는 것'이라는 사실을 명심해야 한다.

"선택권을 주는 것이 주도권을 쥐는 것이라고?"

이런 말을 하는 독자들도 있을 테니 간단히 설명하겠다 (상세한 내용은 제5장 참조).

"부담 없이 들으셔도 됩니다"라는 문장 속에는 '이야기만 들어도 된다'와 '경우에 따라 상품을 사야 한다'는 두 가지 의미가 내포되어 있다. 즉 두 가지의 선택권을 주는 것이다.

이 두 가지 선택권이 주어졌을 때 사람들은 기본적으로 어느 쪽인가를 선택하려 할 것이다. 이때 계약을 이끌어 내는 방향으로 대화를 진전시켜 나가야 한다. 그러기 위해서는 반드시 주도권을 쥐어야 한다.

선택권을 주지 않고 상담을 계속해 나간다면 고객은 설명을 듣고 싶은 마음이 있더라도 일방적인 화술에 넘어가는 건 아닌가 하고 경계심과 저항감으로 무장하게 된다.

그 결과, 상담을 계속 진행시켜 나갈 수 있는데도 "괜찮습니다"라는 말이 고객의 입에서 나오게 되고 그렇게 되면 상담은 끝나 버린다.

안전지대라는 것은 고객을 안심시킬 뿐 아니라, 세일즈맨에게도 안심을 갖게 되는 장점이 있다.

"이야기만이라도 들어 주세요"라는 식의 부탁조로 말한다면 즉시 괜찮다는 거절을 당하기 십상이다. 그렇게 되면 아무리 머리를 조아린다 하더라도 계약이 성사되는 일은 절대 없다.

일단 고객이 이야기를 듣고자 하는 태도를 보이면 그 순간, 고객을 다시 안전지대로 몰아넣어야 한다.

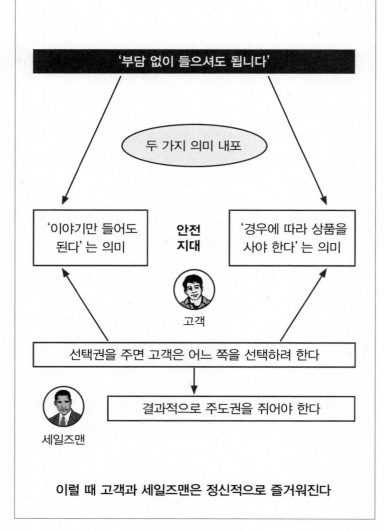

고객을 안전지대에 넣었을 때의 효과

'부담 없이 들으셔도 됩니다'

두 가지 의미 내포

'이야기만 들어도
된다' 는 의미

**안전
지대**

고객

'경우에 따라 상품을
사야 한다' 는 의미

선택권을 주면 고객은 어느 쪽을 선택하려 한다

결과적으로 주도권을 쥐어야 한다

세일즈맨

이럴 때 고객과 세일즈맨은 정신적으로 즐거워진다

"만일 이야기 도중에라도 들을 가치가 없다고 판단되시면 머뭇거리지 마시고 말씀해 주세요. 그럼 즉시 상담을 마치겠습니다. 저는 상관하지 마십시오."

그러면 고객도 더욱 안심하고 이야기를 듣고자 하는 자세를 취한다. 그리고 세일즈맨도 역시 한숨 놓이게 된다. 동시에 세일즈맨은 마치 선생이라도 된 듯한 이미지를 떠올리며 자신도 모르게 탁월한 상담 능력을 발휘하게 된다.

사전에 상담 약속이 잡히지 않은 고객일지라도 '안전지대 대화법'에 일단 유인되면 약속한 고객이나 다름없이 계약을 진행시켜 나갈 수 있다.

다시 한 번 강조하자면, 상담 약속이 잡혀 있지 않은 고객도 '안전지대 대화법'으로 유인한다면 자칫 명단에서 지워질 수 있었던 고객이 우수 고객 명단에 오르게 되는 것이다.

이 부분은 상당히 중요하므로 밑줄을 쫙 긋자!

1. 고객이 스스로 상품의 필요성을 느끼도록 만들어라. 그러기 위해서는 '연상 대화법'을 활용한다.

2. 고객을 상품 사용자의 입장에 서도록 만들어라. 이럴 때는 '타임머신 대화법'을 활용한다.

3. 상품에 대한 이해를 먼저 하라.

4. 고객의 거절을 한 번 더 확인하라. 진심으로 거절하는 것이 아니라면 '관심 유도 대화법'을 활용한다.

5. 고객을 '안전지대'로 넣어라. 이것이 고객에게 선택권을 주고 주도권을 잡는 방법이다.

고객과의 거리를 좁혀라

4

제4장 | 고객과의 거리를 좁혀라

> 성공의 비결을 한 가지 묻는다면, 자신의 입장에서만이 아니라
> 상대방의 입장에서 볼 줄 아는 능력이 있어야 한다는 것이다.
> – 헨리 포드

● 명품 세일즈 대화법은 이렇게 하면 된다

"이 가방 좋지 않아?"

"어울리지 않게 좋은 가방을 갖고 있군."

"실은 인터넷에서……."

최근에 나는 장인 정신으로 정성껏 만들어진 명품 가방을 샀다. 인터넷에는 이렇게 설명이 되어 있었다.

"이 가방의 비밀은 독자적인 염색법에 있다. 레드와인 색의 순식물성 약품으로 처리한 최고급 가죽을 꼼꼼하게 무두질한 후다시 이를 약품 처리하고, 그런 다음 검은색 염료를 손으로 몇

번씩 덧칠하고 닦아 내는 작업을 반복한다. 이같이 시간을 들여 제조 공정을 거치면 광택이 예술품처럼 빛나고……."

"음, 정성이 많이 들어갔군."

나는 인터넷에 올려진 가방의 사진과 설명문을 보는 동안 왠지 그 가방이 갖고 싶어져 무심코 사고 말았다.

물론 가방은 사용할수록 그 품위가 배어 나오는 물건이었다. 그런 멋진 가방을 가지고 다니며 영업을 하다 보니 더욱 실적이 오르는 것이었다.

이런 이야기를 친구하고 나누는 동안 대화법에도 '덧칠 작업' 이 필요하다는 것을 깨닫게 되었다. 명품 가방이 만들어지기까지 그 과정에서 많은 정성이 들어가듯이 명품 대화를 하려면 마찬가지로 정성이 많이 들어가야 한다는 사실을 깨닫게 된 것이다.

5대 장벽 중 하나인, "비쌉니다"라는 말을 들을 때 이를 대처하기란 사실 어렵다. 신흥 종교 교주라 할지라도 이 한 마디 "비쌉니다"라는 장벽을 뚫기 어려울 것이다.

이럴 때 자꾸 대화를 이끌어 내려고 한다면 오히려 끈질기다는 인상만 주게 되어 역효과를 초래한다. 이럴 때 끈질기다는 인상을 주지 않으면서 '가격이 비싸다'는 장벽을 해소할 수 있는 대화를 상담 과정에서 차츰차츰 덧칠해 나가는 것이 무엇보다 중요하다.

● 상대적으로 상품이 싸다는 인식을 심어 주라

"그러면 어떤 때 덧칠해야 하는 거야?"

"어떤 때인가 하면 바로 접근 단계에서야."

"뭐라고? 그렇게 처음부터 가격을 말해도 되는 건가?"

친구는 큰소리를 내며 놀랐다. 그렇다. 이것이 바로 '극비의 성공 대화법 설계도'의 비법이다.

5대 장벽 ③ '비쌉니다'

세일즈맨 자제분의 한 달 학원비는 대체로 어느 정도입니까? 대략 30만 원 정도 되나요?

고　　객 예. 한 20~30만 원 정도 들 거예요.

세일즈맨 그렇군요. 방금 전에 만난 고객께서도 말씀하시더군요. 두 과목만 배우게 하는데도 25만 원 정도 든다더군요. 거기다가 방학 특강이다, 모의고사다 해서 추가로 들어가면 1년에 약 500만 원 정도 들고, 3년이면 최저로 잡아도 1,500만 원 정도는 든다고 합니다.

고　　객 그렇게 많아요?

세일즈맨 그 고객은 매달 학원비말고도 예외로 들어가는 비용이 있어서 3년 동안 최소한 1,500만 원 정도 든다고 걱정하시더군요. 그것도 영어와 수학 두 과목만 가르치는데 말입니다.

고　　객	그래요?
세일즈맨	그렇습니다. 그 정도는 보통입니다. 다른 고객은 과외도 시키다 보면 3년 동안 3,000만 원도 넘게 든다고 하더군요.
고　　객	3,000만 원! 우리 집은 도저히 무리군요.
세일즈맨	그렇지요. 과외도 시키고 또 다른 것도 가르치고 하다 보면 그 금액은 훨씬 넘어가지요.
고　　객	그렇군요.
세일즈맨	그렇습니다. 교과서 출판사에서 발행하는 학습교재라면 전과목을 다 구입해도 그 비용이 학원에서 두 과목 가르치는 것보다 훨씬 저렴하죠. 전과목을 모두 신청하신다면 매월 27만 원씩 들어가니까, 3년치를 대략 계산해 봐도 1,000만 원이 안 듭니다.
고　　객	어머, 그런가요?
세일즈맨	예. 그렇지만 제 말은 어디까지나 꼭 학습교재가 필요하신 분들만 희망자로 받고 있어서 이야기를 들으시고 신청을 안 하셔도 됩니다. 안심하십시오.
고　　객	아무래도 우리는 신청할 수 없을 것 같아요. 듣기만 해도 되죠?
세일즈맨	물론입니다! 자제분을 어머님께서는 어떤 식으로 공부시킬 것인지 파악하는 일이 오늘 저의 임무니까요.

고　　객　사실 부모가 직접 공부를 가르치기는 어려워요…….
세일즈맨　그렇습니다. 어머님 말씀이 맞아요. 부모님이 직접
　　　　가르치는 건 어려워요. 방금 전에 만난 고객께서도
　　　　학원에 두 과목을 가르치는 데만 1,500만 원 가량 든
　　　　다고 걱정이 이만저만이 아니더라고요. 어머님께서
　　　　는 어떻게 생각하십니까?

　이런 식으로 학원비를 월별로 계산할 것이 아니라 3년 동안 드는 비용을 전체 계산하여 고객에게 큰돈이라는 것을 인식시켜 줘야 한다.

　방학 특강이나 모의고사 비용, 과외 비용 등을 첨가해서 연간 얼마, 3년간 얼마, 하는 식으로 구체적인 금액을 인식시키는 것이다. 그리고 "3,000만 원도 넘게 든다고 하더군요" 하고 금액을 부풀리는 것도 좋다. 이것저것 가르치다 보면 3년 동안 상당한 비용이 들어간다는 것을 확실하게 인식시키는 것이다.

　그러고 나서 마지막에 학습교재를 사는 데 드는 비용을 3년간의 학원비와 비교하는 것이 중요하다.

　처음에는 1,500만 원의 비용이 든다는 사실에 놀라던 고객은 3년간 학원에 들어가는 비용이 적어도 그 정도 든다는 사실을 납득하게 된다. 몇 번씩 두 과목을 가르치는 데도 그 정도 비용이 든다는 사실을 재차 인지시켜 줌으로써 고객의 머리에 학습교재가 '그렇게 비싸지 않다'는 정보를 덧칠해 나가는 것이다.

상대적으로 싸다는 인식을 심어 주라

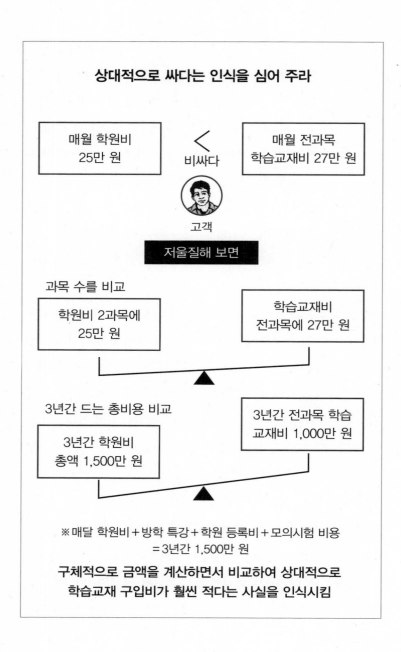

| 매월 학원비 25만 원 | < 비싸다 | 매월 전과목 학습교재비 27만 원 |

고객

저울질해 보면

과목 수를 비교

| 학원비 2과목에 25만 원 | 학습교재비 전과목에 27만 원 |

3년간 드는 총비용 비교

| 3년간 학원비 총액 1,500만 원 | 3년간 전과목 학습 교재비 1,000만 원 |

※ 매달 학원비＋방학 특강＋학원 등록비＋모의시험 비용
＝3년간 1,500만 원

**구체적으로 금액을 계산하면서 비교하여 상대적으로
학습교재 구입비가 훨씬 적다는 사실을 인식시킴**

이런 식의 비교 방법은 다른 상품을 판매하는 경우에도 똑같이 적용된다.

다른 예를 들자면, 절전형 전기 상품을 사용했을 때 3년 후, 혹은 5년 후 비절전형 전기 상품을 사용한 것보다 전체 절전된 비용이 얼마나 되는지를 비교해 주는 것과 마찬가지다.

● 고객과의 거리를 좁혀 나가라

사실은 5대 장벽 중에서 '비쌉니다'를 돌파하기 위해 덧칠해 나가는 것 외에 그 사이에 덧칠의 효과를 주는 것이 몇 가지 있다. 여기서 책을 덮고 한 번 복습하면서 알아 맞혀 보라. 그러면서 어떤 것인지 파악해 보라.

우선 한 가지는 이것이다.

"그렇군요."

고객의 대화를 받을 때 80퍼센트 정도는 이 말로 시작했다. 이것은 'Yes 3회 연속·But 대화법'을 적용시킨 것으로 대화를 자연스럽게 유도하는 역할을 한다. 그리고 이러한 긍정적인 말을 여러 번 반복함으로써 고객과의 거리를 점차 줄여 나가는 것이다.

사실 고객은 세일즈맨을 경계하는 마음을 가지고 있으며, 이미 마음의 벽이 존재하고 있다.

그 단단한 마음의 벽을 제거하는 것은 물론 쉽지 않다. 이를 제거하기 위해서는 덧칠하는 대화를 다양한 각도에서 재차 해야 할 필요성이 있다.

● 다른 고객의 경우를 반복적으로 말하라

두 번째 덧칠의 효과를 갖는 말은 이것이다.

"방금 전에 만난 고객께서도 말씀하시더군요."

이것도 'Yes 3회 연속 · But 대화법'에서 사용되는 말이다.

텔레비전 홈쇼핑 광고를 할 때 쇼호스트가 상품의 장점을 늘어놓을 때마다 방청객들이 "와!" 하는 소리를 내는데, 이것은 관심을 유도하는 효과를 가지게 된다. 말하자면 앞의 말 또한 그러한 효과를 낸다는 것이다.

나도 심야에 텔레비전 홈쇼핑 광고를 자주 보는데, 어느 날 헤어커트기를 판매하는 쇼호스트가 "집에서도 혼자서 간단히 헤어 커트를 할 수 있다"는 말을 하자 방청객들이 환호성을 질렀고, 나는 나도 모르게 이끌려 그 상품을 사고 말았다. 그럴 때마다 "하여간 충동에 약하다니까" 하는 아내의 잔소리를 곧잘 듣곤 한다.

그렇다면 과연 다른 고객이 이런 말을 했다는 식의 말이 효과가 있는가?

어떤 상점들은 고객을 끌어 모으기 위해 바람잡이들을 고용해서 줄을 서게 하기도 한다. 그렇게 해서 지나가는 사람들의 호기심을 이끌어 내는 것이다. 이를 '고객이 줄서는 상점 만들기 작전'이라고 말한다.

그와 마찬가지로 "방금 전에 만난 고객께서는……"이라고 몇 번이고 반복해 이야기를 함으로써 고객의 호기심을 자극하는 것이다. 고객은 '다른 사람들도 모두 아이에게 학습교재를 사 주는 편이 더 낫다고 생각하고 있구나' 하는 생각을 하게 되는 것이다.

또 한 가지 숨겨진 비법이 있다. 세 번째 덧칠의 효과는 3년치 일괄 판매이다.

3년치 일괄 판매라면 부담을 갖게 될 텐데, 어떻게 설득해 나갈 것인가. 이것도 5대 장벽을 해소시켜 나가는 도중에 덧칠한다.

고객과의 이야기 중에서 이렇게 덧칠해 본다.

"학교를 중퇴하지 않는 한 3년 동안 교과서 공부는 계속해야 하지 않습니까."

"학원이나 참고서는 언제라도 그만 둘 수 있지만 교과서는 3

년 동안 어쩔 수 없이 배워야 하는 거죠."

"어쩔 수 없이 3년 동안 교과서를 계속 공부해야 한다면 이해가 쉬운 학습교재가 있으면 학생은 반드시 그것을 필요로 하게 되겠죠."

여기에서 중요한 것은 교과서 출판사에서 발행되는 학습교재라는 사실을 인식시키는 점이다. 사람들은 '공신력'을 중요시하기 때문에 이를 주지시키면 고객의 신뢰를 얻게 된다. 당신이 무슨 상품을 팔든 일단 고객에게 그 상품에 대한 '공신력'을 갖게 한다면 이것은 상품에 대한 신뢰도로 이어지고 한결 어필하기 쉬워질 것이다. 반드시 염두에 두는 것이 좋겠다.

또한 '3년 동안 교과서로 공부를 해야 하기 때문에 이해하기 쉬운 학습교재가 필요하다'는 것을 강조하는 것이다. 교과서를 3년 동안 공부해야 한다는 것을 암시적으로 덧칠하는 것은 큰 효과가 있다. 이는 3년치 일괄 판매를 위한 것이다.

명품 가방이 만들어지기까지는 눈에 보이지 않는 오랜 공정이 필요하다. 그러한 과정이 있었기에 비로소 명품으로 탄생하는 것이다. '명품 세일즈 대화법'에서도 여러 가지의 말로써 덧칠해 나가는 과정이 필요한 것이다. 별 의미가 없다고 생각할지도 모르지만 말 한 마디 한 마디를 정성스럽게 덧칠하면 효과가 크다.

● 고객의 의구심을 미리 해소하라

"음. 점점 알 것 같은 기분이 드는군. 하지만 대부분의 고객은 마지막 계약에서 보류하겠지? 가격이 비싸니까."

"아니. 대부분의 고객은 바로 계약을 하지."

"뭐? 어떻게?"

"그것은 오늘 결정해야 한다고 처음부터 말하기 때문이야."

"그런 말을 처음부터 한다면 고객이 더 이상 상담을 받으려 하지 않을 텐데?"

기껏 상담을 해놓고 스스로 거절의 빌미를 제공해서는 안 된다. 그러기 위해서는 고객의 의심을 불러와서는 안 된다.

이야기가 원만히 진행되어 고객이 상품을 사기로 마음먹게 되었는데, 이런 식으로 된다고 가정해 보자.

"잠시만요. 사고는 싶지만 금액이 금액인지라 생각할 시간을 주시겠어요? 오늘 꼭 계약하지 않아도 되죠?"

"사실은 우리 회사의 학습교재 안내는 오늘로 이 지역이 마지막입니다."

"그런 말은 하지 않았잖아요?"

대부분 이런 말을 듣게 된다. 그리고 이쯤 되면 계약은 성사되기가 어려워진다. 일단 보류한다고 해도 반드시 계약은 성사되지 않는다고 생각해야 한다. 대체적인 경우가 그렇기 때문이다.

세일즈맨의 말을 들은 고객은 수상한 느낌을 받게 된다. 그렇다면 어떻게 하면 수상한 느낌을 지울 수 있을까?

여기서는 역전의 발상이 필요하다. 즉, 막바지에 이런 이야기를 꺼내기 때문에 의심을 받게 되므로 반드시 미리 말할 필요가 있다.

그러면서 왜 오늘 결정하지 않으면 안 되는가 하는 이유를 명확하고 구체적으로 설명해야 한다.

그렇다면 실례를 살펴보기로 하자.

5대 장벽 ④ '결정하지 못했습니다'

세일즈맨   그런데 교과서가 출판사마다 다르다는 거 알고 계십니까?

고　　객   예, 알고 있어요.

세일즈맨   아, 그렇군요. 역시 이 지역의 어머님들은 교육열이 대단하시군요. 여기 ○○ 학교는 영어를 △△ 출판사, 수학은 ㅁㅁ 출판사, 국어는 ××출판사 것을 사용하지요.

고　　객   그렇지요. 그것도 알고 있어요.

세일즈맨   그러십니까? 저희들은 각 교과서 출판사에서 발행하는 것들을 일괄 취급하고 있습니다. 말하자면 각

출판사의 교과서에 맞는 학습교재가 만들어져야 하므로 대량 생산할 수가 없습니다. 그래서 꼭 필요한 고객들의 신청 숫자를 파악하고 있는 것이죠.

고　　객　　전화하셨을 때도 말씀드렸지만, 신청할 생각이 없습니다.

세일즈맨　아, 네. 학습교재 신청은 어디까지나 희망자만 받기 때문에 일단 이야기를 들으시고 신청하시지 않아도 전혀 상관없습니다. 단지 오늘이 이 지역에서는 마지막이기 때문에 자제분한테 좋은 기회가 되리라 생각되어 설명 드리는 겁니다. (이런 식으로 '오늘 이 지역은 마지막' 이라는 말을 슬쩍 흘린 다음 최종 단계로 들어간다.) 어떻습니까? 말씀드린 대로 이 지역의 학습교재 신청은 오늘이 마감입니다. 신청하시겠습니까? 아니면 이번 기회에는 특별히 필요하지 않으십니까?

종결 단계에서 '오늘이 마감입니다 = 오늘 결정해 주십시오' 라는 말이 통용되는 이유는 먼저 미리 '오늘 이 지역은 마지막' 이라는 것을 언급했기 때문이다.

말하자면, '사전 보류 봉쇄' 라고 할 수 있다.

'오늘이 이 지역에서는 마지막' 이라는 것을 말함으로써 고객으로 하여금 관심을 유도하는 것이 포인트다. 이렇게 되면 고객은 '신청할 의사는 없지만, 오늘이 마지막이라고?' 하는 생각을 하게 된다. 그러면 여기서 "교과서 출판사에서 안내차 나왔기 때문에 설명만 들으셔도 상관없습니다"라는 말을 하면서 고객을 안전지대로 끌어들인다.

고객은 상담을 시작할 때부터 이야기만 들을 뿐 구매를 신청할 의사가 없기 때문에 '오늘이 마지막'이라고 하더라도 그것은 자신과는 전혀 상관없는 일이라고 여긴다. 그렇기 때문에 이러한 방법을 사용하여 고객으로 하여금 오늘이 마지막이라는 것을 인식시키면서 대화를 이끌어 나가고, 고객의 구매욕이 자극을 받게 되면 자연스럽게 '오늘이 마지막'이라는 장애는 없어지게 되는 것이다.

여기서 한 가지 더 잊지 말아야 할 것이 있다. 오늘 정하지 않으면 안 된다는 이유에는 신빙성이 반드시 담겨 있어야 한다는 점이다.

예를 들어, "이 상품은 세일 기간이 오늘까지입니다"라는 말을 한다면 고객은 '늘 똑같은 소리를 한다'는 생각을 하게 되고 오히려 역효과만 생긴다.

신빙성을 담아서 설명해 보자.

"설명을 드려도 괜찮으시다면 말씀드리겠습니다. 이 상품은 생산이 마감되었습니다. 그런데 지금 이 물건들은 착오로 인하여 생산 수량이 초과되어 재고 처리가 된 것들입니다. 아시겠지만, 재고는 가지고 있어 봤자 소용이 없기 때문에 이렇게 싼 가격으로 나오게 된 것입니다. 그렇지만 언제까지 이 상품을 판매할 수 없기 때문에 오늘까지만 세일해서 판매하고 있습니다. 지금 구입하시는 것이 좋습니다. 구입하실 건가요?"

이렇게 신빙성 있게 설명을 해야만 고객은 구매하고자 하는 마음이 생긴다.

● 상품의 부정적인 면을 미리 제거하라

자, 이제 상담도 막바지 마무리 단계로 들어서고 있다.

"생각해 보니 당신 말이 맞는 것 같군요."

이런 말이 나오면 고객의 구매 의사가 상당히 긍정적으로 발전되었다는 것을 알 수 있다.

이제 거의 결승점에 도달하고 있지만 여기서 마무리를 짓는 것은 아직 이르다. 서둘러서 좋을 것이 없다. 또 한 번의 공을 강하게 던지는 것이다.

이번에 던지는 공은 '상품(학습교재)의 부정적인 측면'을 말하는 것이다.

지금까지의 상담을 이끌어 왔다면, 9부 능선까지 등반을 한 셈이라고 여겨도 좋다. 계약이 바로 눈앞으로 다가왔다고 볼 수 있다.

여기서 자신의 회사 상품을 부정적인 측면을 언급해 보기로 하자.

부정적인 측면을 언급하는 대화

세일즈맨   이런 건 생각해 보셔야 합니다만……. 고객들이 이 학습교재가 확실히 이해하기 쉽다고 말씀하시지만 그래도 공부하는 학생이 이해하지 못할 수도 있다고 생각해 보셔야죠?

고　　객   예? 그런 말씀을 들으니 그럴 수 있다는 생각이 드는군요…….

세일즈맨   그렇습니다. 요즘 공부가 어려워져서 학습교재가 제아무리 상세하고 알기 쉽게 설명되어 있다고 하더라도 학생이 이해하지 못할 경우도 있겠지요. 그럴 때는 달리 방법을 찾기가 어렵죠. 방금 전에 만난 고객께서도 그런 걱정을 먼저 하시더군요. 어떻게 생각하세요?

고　　객   그렇다면 할 수 없지요. ……달리 방법이 있는 모양이죠?

세일즈맨   그렇습니다. 이해를 하지 못한다면 발전이 없어지고 점점 공부가 싫어지는 원인이 되죠. 그래서 저희 회사에서는 학습교재를 보다가 이해하지 못하는 부분이 있으면 전화로 문의할 수 있도록 매일 밤 9시까지 전속 강사가 대기하고 있습니다. 전화는 무료 통화입니다.

고　　객　아, 그런 것이 있었군요!

세일즈맨　그렇습니다. 이것이 중요하죠. 이해하지 못하는 부분을 그대로 넘겨서는 안 됩니다. 공부하다가 모르는 것이 있으면 그때마다 바로 이해하고 넘어가야 합니다. 이해하지 못하는 부분을 그냥 넘기기만 한다면 점점 공부에 흥미를 잃고 말거든요.

이것으로 고객의 구매 의사는 확실해지고 만다. 또한 이것은 사전에 먼저 고객의 거절할 만한 원인을 찾아 제거해 버리는 비법이다.

이렇게 하지 않고 계약을 서두르다가 그 얼마나 많이 거절당했던가? 고객이 아주 긍정적인 말을 했다고 해서 절대 서두르면 안 된다.

이 점을 반드시 명심하자.

물론 이 학습교재 판매의 경우에는 '무료 전화 서비스'가 있었다. 하지만 다른 상품도 이와 비슷한 것들이 있기 마련이다. (말하자면, 애프터서비스도 그 한 가지라고 볼 수 있는 것이다.)

설명을 할 때는 단순히 "전화로 문의할 수 있도록 매일 밤 9시까지 전속 강사가 대기하고 있습니다. 전화는 무료 통화입니다"라고 말하기 전에 상품의 부정적인 면을 먼저 언급하는 것이다.

그렇게 하면 고객은 상품의 부정적인 면에는 별로 신경 쓰지 않고 무료 상담 전화라는 것에 더욱 귀를 기울이게 된다. 동시에 상품에 대한 신뢰도가 더욱 빛나기 시작한다.

이는 단점을 장점으로 전환시키는 방법과 통한다.

다만 이것은 사전에 단점을 보완하고도 남을 장점을 미리 준비하고 있어야만 한다. 단점을 장점으로 전환시키는 방법은 다른 상품 판매에서도 사용된다.

컴퓨터 판매의 경우를 예로 들어보자.

"이 컴퓨터는 요즘 가장 잘 팔리는 인기 기종입니다. 다만, 다른 컴퓨터에 비해서 사양이 좀 낮습니다만 사용하시기에 그다지 차이는 없습니다. 그리고 그다지 필요하지 않은 기능은 제외시켰고요."

"아, 그렇습니까……."

"그렇습니다. 하지만 그런 만큼 가격은 다른 기종보다 35퍼센트나 싸게 나왔습니다. 손님께서 사무용으로만 사용하신다니 쓰시기에는 전혀 문제가 없습니다. 이 상품을 다른 손님들도 많이 구입해 가십니다. 좋다고 호평을 받고 있는 상품입니다."

이렇게 되면 처음 들었던 단점은 온데간데없어지고, 싸다는 장점이 부각되고 만다. 사실은 이런 설명을 듣고서 나도 컴퓨터를 사고 말았다. 그래서 지금 바로 그 컴퓨터로 이 책을 쓰고 있는 것이다.

이것이 바로 부정적인 면을 먼저 제시하고 나서 그것을 장점으로 바꾸는 비법이다.

1. 경쟁 상품의 가격을 비교하여 상대적으로 싸다는 인식을 심어 주라.

2. 고객과의 거리를 좁혀 나가라. 대화 중에 '방금 전에 만난 고객께서 말씀하시더군요…' 라는 말을 반복해서 덧칠한다.

3. 고객의 의구심을 미리 해소하라. 고객이 '왜 오늘 결정하지 않으면 안 되는가?' 하는 의구심을 가지지 않게 하기 위해 '사전 보류 봉쇄' 한다.

4. 상품의 부정적인 면을 미리 제거하라. 그러기 위해서는 단점을 장점으로 전환시킬 만한 방법을 미리 준비하고 있어야 한다.

선택권을 주고 주도권을 잡아라

5

제5장 | 선택권을 주고 주도권을 잡아라

● **태도 정색 마무리 비법**

내가 만든 '극비의 성공 대화법 설계도' 규칙 중에는 '고객이 단호하게 거절하지 않는 것은 망설이고 있는 상태이다. 고객의 망설임을 없애기 위해서는 한 번 더 5대 장벽의 공을 던져라' 는 것이 있다.

언젠가 내가 2시간 반 이상을 5대 장벽의 공을 몇 번이나 던졌지만 결국 고객의 망설임을 없애지 못한 적이 있었다. 나는 더 이상 어떠한 의견도 개진하지 못했다. 완벽하게 패배하고 말았고, 체력적으로도 이미 지친 상태였다. 게다가 다음 약속 시간을 잡을 수도 없을 것 같았다.

그런데 그 고객은 딱 잘라서 거절하려는 모습은 어디에도 보이지 않았다.

'뭔가 이야기를 하지 않으면 안 되는데…….'

그 순간 애드립을 할 줄 모르던 나의 입에서 '극비의 성공 대화법 설계도'에 없는 대화가 저절로 튀어나왔다.

태도 정색 마무리 비법

세일즈맨 어머님, 진심을 말씀드리자면 교육에 관련된 일을 하면서 이런 말을 하기는 뭐하지만, 사실 공부가 전부는 아니라고 생각합니다.

고 객 뭐라고요?

세일즈맨 공부가 전부는 아닙니다. 하지만 아이 입장에서는 학교에 가지 않으면 안 됩니다. 그리고 싫더라도 숙제도 해야 하고 시험도 쳐야 하지요.

고 객 그렇지요.

세일즈맨 아무리 공부를 싫어하는 아이라도 당연히 시험 성적이 0점인 것보다는 100점이면 기분 좋아할 거예요.

고 객 누구라도 그렇겠지요.

세일즈맨 0점 받기 싫으니까 아무리 못하더라도 조금은 공부를 하려고 하죠.

고 객 그건 그렇지요.

세일즈맨　　공부를 조금이라도 하려고 할 때 쉽게 이해되고 참고가 될 만한 책이 있다면 시험 성적이 조금은 올라갈 거예요.

고　　객　　어느 정도는 그렇겠죠.

세일즈맨　　맞습니다. 어느 정도는 점수가 올라갈 겁니다. 저는 그 정도만 되도 된다고 생각합니다. '이렇게 공부하면 되겠구나, 나도 할 수 있구나' 하는 자신감을 심어 줄 수만 있다면 좋다고 생각합니다. 자꾸 이런 계기를 만들어 준다면 더욱 자신감이 생겨날 겁니다. 비단 공부뿐 아니라 사회에 나가서도 '나는 할 수 있다' 는 자신감으로 일에 임하게 된다면 스스로 문제를 해결해 나갈 수 있게 되겠지요. 그런 의미에서 비단 이 학습교재가 공부에 도움이 되는 것뿐 아니라 아이에게 자신감을 주는 계기가 되기를 저는 바랍니다.

고　　객　　그렇겠군요…….

세일즈맨　　자제분을 위해 신청하지 않으시겠습니까?

　이런 말이 자연스럽게 나온 나 자신이 놀라웠다. 마치 왕년의 슈퍼 세일즈맨이었던 사장님이 내 몸을 빌려서 말하는 것처럼 술술 풀려 나왔다. 학습교재 판매를 시작한 지 1년 정도 지났을 때 있었던 일이었다.

즉시 이 '태도 정색 마무리 비법'을 '극비의 성공 대화법 설계도'에 추가해 넣은 것은 말할 것도 없다. 그 후 이러한 방법을 사용하여 80퍼센트 이상의 계약률을 이룰 수 있었다.

'극비의 성공 대화법 설계도'의 모든 방법을 구사했지만 고객이 딱 잘라 거절하지도 않고, 그렇다고 학습교재를 신청하지도 않는 경우가 있다. 이렇게 고객이 결정을 내지 못하고 망설일 때 마지막 숨겨진 카드, '태도 정색 마무리 비법'을 사용하면 되는 것이다.

사실 "공부가 전부가 아닙니다"라는 말은 나의 진심이었다.

'부모가 아이의 가능성이 무한하다는 것을 어떻게 인식시킬 수 있을까?'

'부모가 아이에 대한 믿음을 가지게 하려면 어떻게 하면 좋을까?'

그 당시 나의 머릿속에는 이런 생각이 들어 있었다. 결과적으로 이런 나의 생각이 전해진 것이라고 생각한다.

'태도 정색 마무리 비법'이 나온 것은 팔고자 하는 행위를 넘어 '고객을 위하는' 마음이 존재했기 때문에 가능했다. 말로써만 하는 것이 아니라 진심이 우러나와야 되는 것이다. 물론 그런 진심이라도 반드시 고객에게 전해져야만 한다.

돌이켜보면 어린 시절, 나의 어머니께서는 자주 나에게 "하면 된다"라고 말하셨다.

"너는 하면 할 수 있다."

이런 어머니의 말을 새삼 되새겨 본다.

어쩌면 이런 어머니의 말을 듣고 자랐기 때문에 내가 학습교재 판매로 좋은 실적을 올릴 수 있게 된 것이다. 어릴 때의 사고방식이 무의식중에 그런 대화를 가능하게 했다는 생각이 든다.

● 계약은 즉시 결정하도록 해야 한다

"그렇게 된다고 해도 계약이라는 것이 어머니 의사만 가지고 결정되지는 않잖아. 도대체 어떤 방법으로 계약을 성사시킨 건가?"

"어머니가 혼자 결정하게 하는 거야."

"말도 안 돼!"

"물론 계약하기 전에 물어 봐야 하지. 그런데 타이밍이라는 것이 있거든."

"타이밍?"

이런 이야기를 들은 적이 있다. 점쟁이한테 손금을 보여 줄 때의 이야기다. 어떤 사람이 손금을 보여 주면서 "요즘 속이 안 좋아요" 하는 말을 무심결에 해버린다. 그러면 점쟁이는 연애운이다 뭐다 하면서 한참 말하고 나서, 어느 순간 "건강운도 좀 볼까요?" 하면서 다시 손바닥을 진지하게 들여다본다.

"당신은 위장 상태가 좋지 않아요."

"예에? 그걸 어떻게 아시죠? 대단하군요!"

이것이 입소문으로 전해져서 점쟁이는 유명세를 타게 되었다 한다. 이 이야기가 참인지 거짓인지는 중요하지 않다.

여기서 내가 말하고 싶은 것은 바로 '타이밍'이 중요하다는 점이다.

점쟁이는 손금을 보기 전에 정보를 기억해 둔 것이다. 연애운이니 뭐니 하면서 이런저런 이야기를 하다가 고객이 잊어버릴 만할 때 사전에 아무것도 몰랐던 것처럼 슬쩍 위장 상태에 대한 이야기를 꺼내는 것이다. 그러면 점쟁이를 무슨 노스트라다무스가 환생한 사람처럼 여겨지게 된다.

이와 마찬가지로 상담의 본론에 들어가기 전에 아이의 교육 문제를 남편과 상담하는지 어떤지를 먼저 알아내야 한다. 예를 들어, 아이를 학원에 보낼 때 남편과 상의하는지, 아니면 어머니 판단만으로 보내는지 하는 것은 학습교재를 구입할 때도 같이 적용되기 때문이다.

'남편과 상담하는지' 아니면 '어머니 스스로 결정하는지'를 파악하여, 전자의 경우라면 남편과 함께 이야기를 나눌 수 있는 날짜를 재설정한다.

'극비의 성공 대화법 설계도'에는 이러한 경우가 몇 가지나 숨겨져 있다.

한편 '어머니 스스로 결정하는' 경우라고 판단되는데도 남편하고 상의해 보아야 한다는 말을 듣게 되면 이는 아직 구매 의

사가 없다고 판단해야 한다. 그러면 다시 그에 맞는 대화로 연결시켜 나가야 한다.

아, 깊고도 오묘한 '극비의 성공 대화법 설계도', 그 끝은 어디인가!

● 부정적인 주체를 바꿔 나가라

경우에 따라 또다시 고객에게 위협적인 공을 던지지 않으면 안 된다. 그러면 이제 최후의 위협적인 공을 소개하겠다.

"학습교재를 신청하실 의향은 있으신지요?"
"글쎄요. 모처럼의 기회니까 신청해 볼까요."
"알았습니다. 그런데 남편께서는 반대하시지 않을까요?"

도대체 다 된 밥에 재를 뿌리다니. 고객이 계약하고자 결정을 내리고 있는데 왜 이런 소리를 꺼내는 것인가?

이 경우는 사전에 정보 수집 단계에서 아이의 교육에 관해서 언제나 어머니 혼자 결정을 내리는지 그렇지 않은지를 판단한 후에 꺼낼 수 있는 말이다. 말하자면, 어머니 독단으로 아이 교육 문제를 결정하는 가정의 예라고 볼 수 있다.

나는 상담하고 있는 고객이 결정권을 다 가지고 있더라도 굳이 이런 식의 말을 꺼내는 경우가 있다.

나의 친구는 이렇게 말했다.

"어머니 독단으로 결정한다는 사실을 알고 있으면서 구태여 다른 사람 이야기를 꺼낼 필요가 있냐? 왜 그냥 계약을 하지 않는 거지?"

그 이유는 고객이 상품을 사고자 결정을 내렸더라도 남편이 반대하지 않을까 하고 물으면 그럴지도 모른다고 생각하는 경우가 많기 때문이다.

이런 경우는 고객이 충분히 상품을 이해하고 결정을 내린 것이 아니라는 사실을 확인할 수 있다. 말하자면, 이런 고객은 계약을 했더라도 나중에 취소하기도 한다.

고객이 상품을 충분히 이해하지 않았다고 확인되면 그 원인을 다음과 같이 생각해 볼 수 있다.

① 아이가 제대로 보지 않을 것 같다는 생각이 여전히 마음속에 자리 잡고 있다.
② 금전적인 부분이 여전히 마음에 걸린다.
③ 고객(어머니) 스스로 결정한다고 하더라도 남편과의 관계가 원만하지 않다.

하지만 이런 경우라도 큰 문제는 되지 않는다. 그렇더라도 이 문제는 해결하고 넘어가지 않으면 안 된다. 다음과 같이 이야기를 진행시킨다.

5대 장벽 ⑤ '상의해 보아야 합니다'

세일즈맨　그런데 남편께서 반대하시지 않을까요?

고　　객　저는 좋다고 생각하지만……. 생각해 보니 그렇군
　　　　　요. 남편이 워낙 완고한 양반이라…….

세일즈맨　그렇군요. 반대하실 수도 있겠군요. 어머님께서도
　　　　　처음에는 참고서 판매쯤으로 생각하셨잖아요?

고　　객　그렇죠. 그렇게 생각했었죠.

세일즈맨　어머님뿐 아니라 다른 어머님들도 그렇게 생각하셨
　　　　　어요. 단지 제 이야기를 들으시고 참고서하고 교과서
　　　　　출판사에서 발행하는 학습교재의 차이점을 이해하게
　　　　　되신 거죠.

고　　객　정말이지 이렇게 설명을 듣기 전에는 그 차이점을
　　　　　몰랐어요.

세일즈맨　그렇습니다. 그 점이 제가 하는 일에서 가장 중요한
　　　　　부분이지요. (웃음) 그렇지만 어머님께서 아무리 교과
　　　　　서 출판사에서 발행하는 것이라 좋다고 남편께 말씀
　　　　　드려도 반대하실 지도 모릅니다. 혹시 세뇌당한 건
　　　　　아닌가 하고 걱정하실 수도 있고요. (웃음)

고　　객　음, 그럴지도 모르겠군요.

이 대화 속에는 중요한 요소가 숨겨져 있다. 그것은 부정적인 메시지다. 대화 속에서 4번이나 반복 제시되었다.

① "남편께서 반대하시지 않을까요?"
② "어머님께서도 처음에는 참고서 판매쯤으로 생각하셨잖아요?"
③ "다른 어머님들도 그렇게 생각하셨어요."
④ "아무리 교과서 출판사에서 발행하는 것이라 좋다고 남편께 말씀드려도 반대하실 지도 모릅니다."

이것은 도대체 어떤 의미를 가지는 것인가?

고객에게 남편이 반대할지도 모른다는 것을 덧칠하기 위해서다. 하지만 고객에게 이 사실을 확신하게 해서는 안 된다. 확신하게 하지 않으면서 덧칠하는 방법은 무엇인가?

'남편이 반대할 것'이라는 확신을 주지 않고 덧칠하는 방법은 부정적인 주체를 바꿔 나가는 것이다.

부정적인 주체는 첫 번째가 남편이었고, 두 번째는 고객, 세 번째는 다른 고객, 네 번째는 다시 남편으로 옮겨 갔다. 이렇게 하면서 자연스럽게 고객을 설득시켜 나가는 것이다.

즉, 남편이 반대할지도 모른다는 이야기를 덧칠하는 이면에는 '남편이 제대로 이해하지 못해 무턱대고 반대할 수 있으므로 고객(어머니)께서 결정을 내리시는 것이 좋습니다'라는 메시지가 숨겨져 있는 것이다.

● 연합 결성 작전

그렇게 덧칠을 한 후에 다시 강력한 묘수를 던진다.

세일즈맨   방금 전에 만난 고객께서 '남편이 아이 문제는 신경
도 안 쓰면서 성적이 나쁘면 곧바로 내 탓으로 돌리는
것이 정말 짜증나요' 하고 말씀하시더군요. 어머님
경우도 그렇습니까?

고　　객   뭐, 우리 집도 비슷해요.

세일즈맨   그렇습니까? 다들 비슷하신가 봐요. 그 고객께서는
이런 말도 하시더군요. 중학교 공부가 중요하다고 말
씀하셨어요. 중학교 때 잘 해야 고등학교 때 좋은 내
신 성적을 유지할 수 있고 이것이 대학 진학을 좌우
하기 때문에 그렇다고 했어요. 어머님은 어떻게 생각
하세요?

고　　객   물론 그건 그렇죠.

세일즈맨   공부가 전부는 아닐 수도 있습니다만, 중학교 때가
가장 중요한 시기인 것은 확실합니다. 일전에 방문
했던 다른 어떤 고객께서는 아이의 장래를 생각하면

가장 중요한 시기라서 남편 의견을 듣는 것도 중요하지만 아이와 더 많은 시간을 보내는 엄마 쪽에서 알아서 잘 결정 내리지 않으면 안 된다고 말씀하시더군요. 그러면서 아이에게 도움이 되는 것이라면 뭐든지 해주고 싶다고 말했어요.

고　　객　　그렇죠. 뭔가 도움이 되는 것이라면…….

세일즈맨　그렇습니다. 그렇기 때문에 학교에서 사용하는 교과서를 가장 잘 이해시켜 주는 뭔가가 있다면 그것은 큰 도움이 되지 않을까요?

고　　객　　그렇다고 생각해요.

세일즈맨　맞습니다. 이건 그 고객께서 하신 말씀인데, 학습교재 구입하는 문제를 남편에게 굳이 말하지 않았더라도 아이의 성적이 올랐을 때 말하면 좋을 거라고 했어요. 그때는 남편도 이해할 거라고요. 아이 성적이 올랐는데 화낼 부모는 없을 테니까요. 이렇게 말씀드리는 것은 자제분의 성적이 오를 것이라는 것을 제가 확신하기 때문입니다.

고　　객　　그렇겠군요.

세일즈맨　그럼 신청하시겠습니까?

　'나'와 '고객(어머니)'과 '남편'이라는 인물이 있을 때 처음에는 관계의 설정이 당연하게도 '나' 대 '고객 & 남편'의 구도였다.

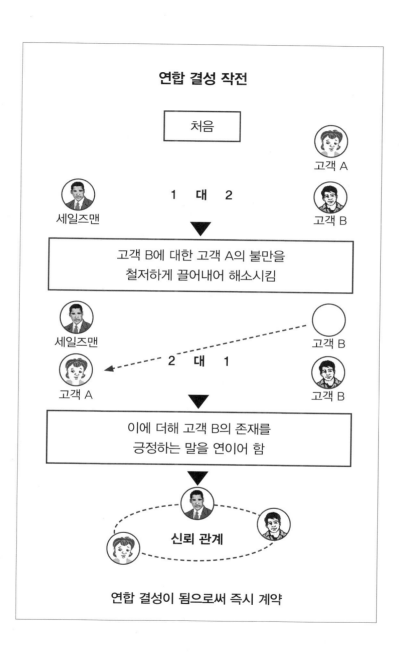

연합 결성 작전

처음

고객 A

세일즈맨   1   대   2   고객 B

고객 B에 대한 고객 A의 불만을
철저하게 끌어내어 해소시킴

세일즈맨   고객 B

고객 A   2   대   1   고객 B

이에 더해 고객 B의 존재를
긍정하는 말을 연이어 함

신뢰 관계

연합 결성이 됨으로써 즉시 계약

그런데 고객으로부터 남편에 대한 불만을 이끌어 냄으로써 '나 & 고객' 대 '남편'의 구도가 된 것이다.

즉, 고객과의 연합 결성에 성공했다. 이럴 때 마지막으로 "남편께서 잘 이해하실 거예요. 잘 설명해 주세요"라고 부탁함으로써 (실제로는 만나지도 않은) 남편까지 연합 결성을 하게 하는 것이다.

여기에서 중요한 점은 아이에 대해 신경을 잘 쓰지 않는다고 불만스러워 하는 남편의 존재를 인정해 주는 것이다. 아내가 불만스러워 하며 부정적으로 여기는 남편을 내가 긍정적으로 말해 주면 고객은 어떻게 생각할까?

'아, 아이 문제만이 아니라 가족을 다 생각해 주는구나' 하는 느낌을 고객은 받게 된다. 즉, 자연스럽게 고객과의 신뢰 관계가 생겨나게 되는 것이다.

이런 사전 설계를 준비하고 실행에 옮기면 고객의 불만은 완벽하게 해결된다. 또한 스스로 납득하여 상품 구입을 결심하게 되는 것이다.

● **고객의 진심을 이끌어 내라**

"대단하군! 하지만 묻고 싶은 게 있어. 고객의 심리를 정확하게 읽어 내는 능력이 없고서야 어떻게 월수입 1,000만 원을 계속 이룰 수 있지? 이건 정말 이해하기 힘들어."

"그렇게 물어 보니 뭐라 딱히 대답해 줄 말이 없군."

"말하자면 사전 정보를 통해 고객이 단독적으로 결정한다는 사실을 알고 있었다 하더라도 남편과 상의해 보고 난 다음에 결정하겠다고 할 수도 있다는 말이지."

"그럴 수 있지."

"그렇다면 고객이 어떤 결정을 내릴지 모르는 상황에서 고객의 표정만 보고 계약할 거라고 단정 지을 수 있을까? 계약하지 않는 경우도 있을 거 아닌가?"

돌이켜 보자면 분명 친구가 말한 경우도 있었던 것 같다. 아시다시피 인간의 심리를 읽어 내는 경지란 100년 동안 수행한다고 해도 도달하기 어려울 것이다.

더군다나 사람의 타입이란 냉담한 타입, 자만한 타입, 신중한 타입 등등 많을 것이다. 이런 타입들을 개별적으로 대응할 수 있는 방법들을 다 터득하기란 실로 불가능하다.

그렇다면 내가 어떻게 월수입 1,000만 원을 유지시켜 나갈 수 있었을까?

친구의 질문에 대해 진지하게 생각해 보았다. 그리고 나는 고객의 표정을 보고 판단하는 것이 아니라 '대화로 판단' 하였다는 점을 깨달았다.

고객의 대답을 듣고 '극비의 성공 대화법 설계도'에 맞춰 분석하면서 그 상황에 맞는 대화를 전개해 나가면 고객의 진심이 드러나기 시작한다. 내가 진심을 파악하는 것이 아니라 고객이 진심을 말해 버리고 마는 것이다.

믿지 못할지도 모르지만 사실 이것밖에 달리 도리가 없다. 그렇다면 어떻게 고객의 대답을 분석해 나가는지 다음의 대화를 보자.

진심을 이끌어 내는 대화

고　　객　　남편과 상의해 봐야겠어요…….

세일즈맨　　그렇지요. 돈이 적게 드는 것도 아니니까요. 그런데 남편께서는 자제분 교육 문제에 관해서는 관심을 많이 쏟으시는 편인가요?

고　　객　　듣는 정도나 할 뿐이죠.

세일즈맨　　어느 집이나 그렇습니다. 사실은 어머님께서도 처음에는 참고서 판매 정도로 생각하셨어요. 이야기를 들어보시고 나서야 교과서 출판사 학습교재가 자제분 공부에 도움이 되겠다고 생각하시게 된 거잖습니까?

고　　객　　그렇지요.

세일즈맨　　마찬가지로 오늘 저녁에 남편께 아무리 잘 설명하신다고 해도 처음 어머니께서 그러셨던 것처럼 잘못 이해하고 반대하시는 경우가 많아요. 그럼, 남편께서 반대하신다면 학습교재 구입을 포기하실 건가요?

고　　객　　그렇지는 않겠지만…….

대화를 문장으로 옮기면 고객의 이야기가 모순 되었다는 것을 알 수 있다.

'남편과 상의해야 한다'
↓
'듣는 정도이다. 큰 관심을 가지지 않는다'
↓
'남편이 반대해도 포기하지 않는다'

그러므로 이 대화에서는 사실 '고객 스스로 결정하므로 남편과 상의할 필요가 없다'는 것을 이끌어 내고자 하는 것이다. 다만, 고객이 학습교재 신청을 망설이는 것은 진심이라고 볼 수 있다.

이 대화에서 고객의 진심을 끌어낼 수 있게 하는 것은 두 가지 질문이다.

"남편께서는 자제분 교육 문제에 관해서는 관심을 많이 쏟으시는 편인가요?"
"남편께서 반대하신다면 학습교재 구입을 포기하실 건가요?"

이것이 중요한 포인트다.

"남편과 상의해 봐야겠어요"라는 말이 진심인지 아닌지 판단할 수 없었던 나는 '극비의 성공 대화법 설계도'에 따라 대화를 진전시켜 나갈 뿐이었다. 하지만 그것만으로도 진심을 끌어내는 대화법의 설계가 이미 되어 있었던 것이다.

남편과 상의해야 한다는 말은 고객이 망설이고 있다는 사실을 알려 주는 것이다. 이때 남편이 아이의 교육 문제에 관해 관심이 많은 편인가라는 질문은 세일즈와 직결되는 것이라기보다는 교육 상담과 같은 질문이기 때문에 고객은 정직하게 대답하게 된다.

여기서 남편이 관심이 많은 편이라면 다음 방문 약속을 다시 정한다. 그렇지 않고 관심이 적은 편이라면 남편이 반대한다면 학습교재 구입을 포기할 것인지를 묻는다. 이 질문 속에는 거절할 수 있는 기회를 주는 의미가 담겨 있다. '포기하실 겁니까? 포기하셔도 상관없습니다'라는 의미가 담겨 있는 것이다.

즉, 고객에게 선택권을 양도하고 있는 것이다.

"왜 학원에 다녀도 성과가 없는 것일까요?"

"왜 참고서가 별 도움이 안 되는 것일까요?"

이런 식으로 다른 경쟁 상품과의 장단점을 충분히 설명하는 단계에서 선택권을 주었을 때 고객의 진심을 들을 수 있게 된다.

이것이 바로 고객의 심리를 읽어 내기 위해 고심할 필요 없이 진심을 유도하는 방법이다.

● 모순 해소 대화법

갑자기 이런 말을 한다면 헛갈리겠지만, 사실은 지금까지의 이야기 속에는 모순이 있다. 이미 눈치를 챈 사람도 있을 것이다.

그 모순이란, 오늘이 예약 신청 마지막이라고 말했는데 고객이 남편과 상의해야 한다고 말했을 때 다음 방문 약속을 정한다면 그건 모순이 된다. 그렇지만 이 모순을 해결하기 위해서는 고객이 납득할 만한 '트릭'이 필요하다. 그 방법은 무엇인가?

그것은 개인적인 시간을 사용하는 것이다.

고객의 구매 의사가 충분히 있다고 판단되지만 남편과 상의해야 한다는 경우를 위한 모순 해소 대화법을 살펴보자.

세일즈맨　　학습교재를 신청하려는 마음이 있으시다면 남편과 충돌이 없도록 의견을 충분히 들으시는 게 좋다고 생각합니다.

고　　객　　그래요. 하지만 신청 받는 것이 이 지역은 오늘이 마지막이라고 하셨죠?

세일즈맨　　그렇습니다. 오늘이 마감입니다. 내일부터 저는 다른 지역의 안내를 맡게 됩니다. 하지만 신청을 고려

하시겠다면 근무가 없는 토요일이나 폐가 되지 않는다면 저녁에라도 다시 방문할 수 있습니다.

고　　객　　정말이에요? 쉬는 날인데…….

세일즈맨　　상관없습니다. 남편과 상의해야 할 시간도 필요하실 테고, 저희는 직업상 휴일이 따로 없습니다. 사실은 오늘 이 지역의 신청 접수를 마감하지만 그래도 발행 부수가 약간은 여유가 있습니다. 가능하시다면 저로서는 토요일이 좋겠습니다만, 남편의 시간이 어떨지 모르니까 토요일이든 일요일이든 상관없습니다. 언제가 좋을까요?

이 대화법의 포인트는 오늘이 마감이지만, 필요하다면 토요일이든 일요일이든, 혹은 저녁에 다시 찾아올 수 있다는 여유를 주는 것이다.

이에 더하여 발행 부수에 약간의 여유가 있다는 사실을 주지시킨다. 고객으로 하여금 얼마만큼 진실하게 받아들이게 하느냐가 중요하다.

모순을 해결하면서 고객에게 여유를 줌으로써 주도권을 쥘 수 있게 된다. 이것 역시 '극비의 성공 대화법 설계도'의 일부분에 지나지 않는다.

● 고객이 공감하는 말을 반복해 던져라

그러면 이제 계약까지는 겨우 한 걸음밖에 남지 않았다. 그런데 이 단계에서도 "우리 애가 사용하지 않을 것 같다"고 말하는 경우도 많다. 이럴 경우에는 학습교재 신청을 망설이는 이유를 캐묻는 데서부터 대화를 시작한다.

5대 장벽 ② '좋지만 아직은 필요 없습니다'

세일즈맨   그렇군요. 자제분께서 학습교재를 사용하다가 도중에 보지 않게 되는 경우를 걱정하시는군요.

고   객   그렇죠. 아이가 끈기가 없거든요.

세일즈맨   그것은 자제분만 그런 게 아닙니다. 그렇다면 어떻게 하면 스스로 공부하는 마음을 유지시켜 나갈 수 있다고 생각하시죠?

고   객   글쎄요. 그건 모르겠어요.

세일즈맨   어머님께서는 자제분이 이 학습교재를 사용하는 편이 공부에 도움이 된다고 생각하십니까, 아니면 필요가 없다고 생각하십니까?

고   객   음. 필요 없다고는 생각하지 않아요…….

세일즈맨   그렇군요. 남편께서는 아침 일찍 출근하셔서 저녁 늦게 돌아오시죠? 그렇다면 아무래도 아이들 교육은 어머니 몫이 되죠.

고　　객　　그렇지요.

세일즈맨　어머님처럼 다른 집의 경우도 대부분 어머니 쪽에서 아이 교육 문제는 결정한다고 합니다. 방금 전에 만난 고객께서도 남편이 아이 공부에 대해서는 신경도 쓰지 않다가 뭔가 하려고 하면 반대한다고 말씀하시더군요.

고　　객　　뭐, 그렇죠.

세일즈맨　사실 남편보다는 어머니 쪽이 아이와 접하는 시간이 많기 때문에 학교 공부에 관해서는 절대적으로 어머니 쪽이 더 잘 파악하고 있죠. 자제분의 공부는 아마도 어머님께서 가장 잘 알고 있을 겁니다. 그러니까 어머님께서 자제분의 공부 방향을 잡아 주시지 않으면 안 됩니다. 안 그러면 자제분은 중요한 시기에 공부할 마음을 잃게 될지도 모르니까요.

고　　객　　음.

세일즈맨　어떻게 생각하세요. 학습교재를 사용하게 해주시겠어요? 필요 없으시다면 말씀해 주시고요.

　이 대화 속에는 고객이 결정하지 않으면 안 된다는 메시지가 들어 있다. 직접적으로 구매 의사를 이끌어 내는 것이 아니라, 어떠한 압박감도 거부감도 주지 않고 자연스럽게 호소하는 것이 핵심이다. 이를 가능하게 하는 것이 이 부분이다.

'남편은 아침 일찍 출근해서 저녁 늦게 돌아온다.'
'남편보다는 어머니 쪽이 자녀들과 접하는 시간이 많다.'
'자녀의 공부 상황에 관해서는 어머니 쪽이 파악하고 있다.'

당연한 말이지만 불가사의하게도 극히 지당한 이 말을 몇 번씩 늘어놓으면 묘하게도 고객은 납득해 버리고 만다.

고객을 설득할 때는 당연하다고 생각되는 말이라도 몇 번이고 반복해서 말해 주면 효과가 있다. 따라서 어떻게든 고객의 의사 결정을 이끌어 내고 싶을 때는 이런 식으로 반복해서 압박할 것을 권유하고 싶다.

어쨌든 '극비의 성공 대화법 설계도'에는 이같은 아무렇지도 않은 듯한 대화 속에도 필살기가 가득 뒤섞여 있다.

"대단해. 대단히 심리학적이군. 어떻게 그런 걸 생각해 낸 거지?"

"심리학 같은 건 아냐. 상담을 하다 보면 모순 되는 이야기들이 나오기 마련이지. 처음에는 당황했었지. 그래서 선배들에게 물어 보니까, 그런 건 당연한 일이니 신경 쓰지 말라고 하더군."

"음, 그래서 다른 식으로 질문을 하면서 고객의 의도를 알아내는 방법을 배운 거로군."

"뭐, 경험을 하면서 터득한 거야."

● 선택권을 주고 주도권을 잡아라

고객의 대답이 진심인지 아니면 그저 인사치레 정도인지를 명확히 판단할 수 있는 질문을 던진다. 질문의 완급을 조절하면서 정확한 판단을 얻어낸다. 질문을 던짐으로써 얻을 수 있는 장점은 망설이는 고객의 판단을 명확하게 하는 효과도 있다.

말하자면 고객이 어떻게 해야 할지 잘 결정 내리지 못하는 경우가 자주 있다. 세일즈맨이라면 누구든 이런 경우를 자주 접하게 된다.

이런 경우는 극단적으로 말하면 고객이 '어떻게 해야 할지 전혀 갈피를 못 잡고 있는 경우' 다.

'학습교재가 있는 것이 분명히 좋지만, 남편은 반대할 것 같고, 그렇지만 항상 혼자 결정을 해 왔고……. 뭐, 그래서 결정을 내릴 수가 없다' 하는 상황에 빠진 것이다.

결정을 내릴 수 없는 이유가 무엇인지 딱히 고객 스스로가 알 수 없는 경우다. 한 가지 유념해야 할 사항은 고객의 진심을 파악하는 것은 대화가 진지할 때 가능하다. 그리고 그것은 세일즈맨 입장에서도 마찬가지며, 가볍고 들뜬 상태에서는 진심이 나올 리 없다.

'극비의 성공 대화법 설계도'를 만들어 이를 단지 실행하는 것만으로도 자연스럽게 진심이 나오게 되며 억지로 권하는 영업을 하지 않아도 된다. 언제나 선택권을 주면서 이야기를 진전시켜 나가는 것이 결과적으로 서서히 문제가 해결되는 결과와 연결되어지는 것이다. 그리고 주도권을 쥐게 됨으로써 계약률이 높아지는 것이다.

이것이 선택권을 주고 주도권을 잡는 방법의 철칙이다.

"선택권을 주고 주도권을 잡는 방법이라…. 좋군! 정말 좋은 영업 방식이야. 자네한테서 이런 이야기를 듣게 되리라곤 생각지도 못했는 걸. 사람은 다 변하기 마련인 모양이야."

"특별한 사람으로 변한 건 아냐. 난 그대로야."

"어쩐지 자네의 이야기를 들으니까 나도 영업을 하고 싶어지는군."

"그래? 나도 했으니까 자네도 할 수 있겠지. 하지만 왠지 자네는 무리라는 생각이 드는군."

"음, 그런가. 내가 소심한 성격이 아니라서?"

극비의 성공 대화법 설계도 공개 (학습교재 편)

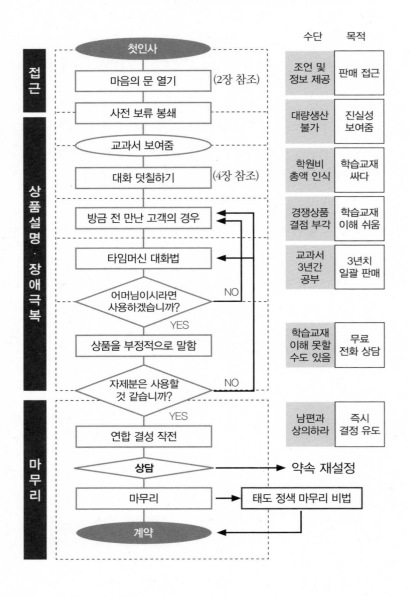

	수단	목적
첫인사		
마음의 문 열기 (2장 참조)	조언 및 정보 제공	판매 접근
사전 보류 봉쇄	대량생산 불가	진실성 보여줌
교과서 보여줌	학원비 총액 인식	학습교재 싸다
대화 덧칠하기 (4장 참조)		
방금 전 만난 고객의 경우	경쟁상품 결점 부각	학습교재 이해 쉬움
타임머신 대화법	교과서 3년간 공부	3년치 일괄 판매
어머님이시라면 사용하겠습니까? NO		
YES		
상품을 부정적으로 말함	학습교재 이해 못할 수도 있음	무료 전화 상담
자제분은 사용할 것 같습니까? NO		
YES	남편과 상의하라	즉시 결정 유도
연합 결성 작전		
상담 → 약속 재설정		
마무리 → 태도 정색 마무리 비법		
계약		

접근 / **상품설명 · 장애극복** / **마무리**

1. 고객을 위하는 마음을 가져라. 진심이 담긴 상담만큼 강한 것이 없다. '태도 정색 마무리 비법'을 활용한다.

2. 고객으로 하여금 단독으로 상품을 선택하도록 만들어라.

3. 고객의 진심을 이끌어 내라.

4. 고객이 결국 오늘 결정을 내리지 못하면 상담을 재설정하라. '모순 해소 대화법'을 활용한다.

5. 고객이 공감하는 말은 반복해 던져라.

상품의 급소를 파악하라

6

● 3년 만에 세일즈에 익숙해졌다

최근, 나는 명함에 '전직 100회, 그 동안 영업 도전 12번 좌절. 소심한 성격으로도 연봉 1억 2000만 원 수입 달성!' 이라는 문구를 새겨 넣었다.

이 때문에 명함을 교환할 때마다 이런 이야기를 늘 듣게 된다. (당연한 일이지만!)

"당신은 왜 지금껏 한 직장에 계속 오래 있지 못했습니까?"

전직 100회를 따져 보니 한 회사에서 일주일도 못돼 그만 둔 것을 제외하면 평균 3개월 정도 다닌 셈이 되었다.

그 3개월이라는 것이 1, 2개월은 새로운 업무와 회사 사람들과의 유대 관계를 파악하면서 이런저런 생각할 틈도 없이 긴장된 나날이 계속되고 3개월쯤 되어서야 정신적으로 여유가 있게 된다. 정신적인 여유가 생길 때쯤 되면 나는 앞으로의 일에 대해 생각하게 된다.

'이 일을 1년 후, 3년 후, 10년 후에도 계속할 수 있겠는가?'

'이 일을 계속할 자신이 없다. 뭐, 이 일을 하기 위해 태어난 것도 아니다!'

이런 생각을 하게 되면 하는 일에 대한 자신감이 사라지고 일할 의욕도 없어지고 만다.

그렇다면 학습교재 판매는 어떻게 지속할 수 있었던 것인가?

이것은 3개월이 지나도 반년이 지나도 좀처럼 정신적인 여유가 생기지 않는 일이었다. 완전 성과급이었고, 항상 신규 고객을 개척해야 하므로 이번 달에 1,000만 원을 벌었다 하더라도 다음 달이면 완전히 제로이기 때문에 다시 처음부터 실적을 올리지 않으면 안 되었다. 마음의 여유가 생길 틈이 없었던 것이다.

인간은 습관에 길들여지는 동물이다. 뭐든 익숙해지면 잘 할 수 있게 된다. 어찌 되었던 일주일에 단 한 건의 계약도 성사되지 않는 악몽에 시달리기도 하면서 3년간 그 일을 계속하다 보니 완전 성과급의 세일즈도 익숙해졌다. (당신은 훨씬 빨리 익숙해질 수 있다.)

습관이라는 것이 무서운 것이었다. 학습교재 판매를 시작한

지 3년이 되자 마음의 여유가 생겨났고, 나는 앞으로의 일을 생각해 보았다.

하지만 예전과는 판이하게 달랐다. 이번에는 '도전하자!'고 마음먹었던 것이다.

● 정면 승부의 영업

나는 막연하게나마 독립해서 내 사업을 시작해 보고 싶다는 생각이 들었다. 동시에 '극비의 성공 대화법 설계도'를 사용하여 최고의 세일즈를 해보고 싶다는 생각도 하게 되었다.

내가 말하는 최고의 세일즈는 정면 승부였다.

무작정 아무 집이나 찾아가서 상품을 팔 수 있는 정면 승부의 능력만 가능하다면 진정한 의미에서 무無의 상태에서 물건을 파는 노하우를 몸에 익히게 될 것이다. 나는 이렇게 생각했다. 그래서 독립하기 전에 우선 지금 하고 있는 학습교재 판매 분야에서 정면 승부의 세일즈에 도전해 보고 싶어졌다.

앞에서도 말했지만, 나는 사전에 약속 시간이 정해지지 않았던 고객과도 약속을 한 고객과 거의 다름없을 정도의 계약률을 이루어냈다. 말하자면 조금은 정면 승부에 도전할 자신이 있었던 것이다.

하지만 아무리 월수입 1,000만 원을 3년간 지속했다 하더라도 소심한 성격은 평생 고쳐질 수 없는 것이었다. 정면 승부에는 도무지 자신이 생기지 않았다.

무엇 때문에 그런 것인가. 공포심이었다. 뭐랄까, 심장이 터져 버릴 것같이 긴장되는 공포심.

인터폰 버튼을 누르는 것만 가지고도 이마에 땀이 줄줄 흘러내린다.

'바라옵건대, 기원하건대, 집에 누가 있기만이라도 해주십시오!'

이렇게 기도하면서 누군가의 목소리가 나오기를 기다린다.

"누구세요?"

"아, 예! 저, 저기 저…… ○○ 교과서 출판사에서 나온…….'

"우리 집은 필요 없어요!"

"예!"

나는 도망치듯이 그곳을 빠져나오고 만다. 이럴 수가! '극비의 성공 대화법 설계도'는 전혀 써먹지도 못했다.

한 10번 정도 시도하다가 전혀 불가능하다는 사실을 깨닫고야 말았다. 나는 크게 낙심하게 되었다. 조금은 자신이 있었는데…….

'이것은 분명 악몽이다. 잊어버리자!'

이렇게 나 자신에게 타일렀지만 잊혀질 리가 없었다. 그때부터 나는 자신과의 갈등이 계속되었다.

'상담 약속이 잡히지 않으면 나는 물건을 팔 수 없는 세일즈

맨에 지나지 않는 것인가?'

그런 생각이 굳어지고 있을 즈음 그 목소리들이 귓전에 다시 들려 왔다.

"자네에게는 인내심이 필요하네."

"이런 것도 제대로 하지 못한다면 무얼 하든지 안 되는 거라네."

"언제나 이런 식으로 포기하고 말 건가?"

회사를 그만 둘 때마다 선배와 사장으로부터 들어왔던 이런 질책의 목소리들이 나를 엄습했다.

● 나의 운명을 바꾼 고객의 말 한 마디

그런 갈등 속에서도 회사에서 정해 준 상담 약속에는 전과 다름없이 계약을 성사시켜 나갔다.

그러던 어느 날, 무사히 계약을 마치고 고객과 세상사는 이야기를 하고 있는 동안 훗날 내가 일생일대의 결심을 하도록 만든 바로 그 말을 듣게 된 것이다.

"당신의 아이들은 행복하겠군요."

"예! 어째서요?"

"왜냐하면 아버지가 이렇게 교육에 관련된 일을 하고 계시니 학원이라든지 참고서 선택이라든지 고민이 없을 게 아니겠어요?"

"글쎄요. 남의 집 사정은 잘 알아도 자기 집 사정은 잘 모른다는 말이 있죠. 우리 아이들 경우는……. 글쎄요."

"물론 이 학습교재를 아이들에게 시키고 계시겠죠?"

"……."

그 고객이 한 말은 그 후 줄곧 나의 머릿속에서 떠나지 않았다. 어쩌면 이런 말을 과거에도 몇 번 들었을지도 모른다. 하지만 그 고객의 말로 인하여 나는 비로소 진지하게 고민하기 시작했다.

그 때는 사실 내가 막 아이 둘의 아버지가 된 때였다. 내가 진지하게 고민한 것은 '이 학습교재를 내 아이에게도 사용하게 할 것인가?' 라는 자문에서 비롯되었다.

고민 끝에 나는 깨달았다. 그 일을 시작한 계기는 내가 학교 다니던 시절 부모님이 사주신 참고서가 이해하기 어려웠던 경험 때문이었다. 그리고 나는 고등학교 다닐 때 공부할 자신이 없다고 생각하여 1학년을 다니다가 중퇴했다.

그러므로 나 자신이 아이들에게 특별히 공부에 대해 할 말이 없었다. 학습교재를 권할 리도 없었다. 나는 모순을 느끼기 시작했다. 내 아이들에게도 권하지 않는 것을 남에게 권하다니. 그런 생각을 하게 되자 지금까지의 일이 갑자기 싫어졌다.

하지만 지금의 일을 그만 두고 다시 다른 일을 한다고 해서 같은 수준의 수입이 보장되는가?

정면 승부의 세일즈 실패의 경험과 지금의 일에 대해 참으로 진지하게 고민하기 시작했다. 지금까지 살아오며 가장 많은 고민을 했다고 해도 좋을 만큼이었다.

'둘째 아이도 태어나고 새 집도 막 샀는데, 어떻게 해야 하나……'

학습교재 판매를 시작한 지 꼬박 3년이 지나고 4년째가 되려는 차에 나는 퇴직할 것을 결심했다.

● 새로운 세계에 도전하다

나는 다음 선택할 직업을 완전 성과급에다 정면 돌파 스타일의 영업직으로 정했다. 그리고 회사 대상의 영업이 아닌 일반 소비자를 대상으로 하는 영업을 택하기로 했다.

왜 그런 생각을 하게 되었는지 설명하자면, 13번의 영업을 해오면서 나는 회사 상대보다 일반 소비자 상대로 정면 승부하는 영업이 10배 이상 힘들다는 것을 경험해 왔기 때문이다. 굳이 어려운 쪽을 선택한 것은 영업의 최고봉에 오르고 싶었기 때문이다.

그리하여 우선 정면 승부의 세일즈를 마스터하고, 그리고 나서 독립하여 내 사업을 하기로 결심하였다. 그렇게 마음먹고 구인 광고를 살펴보면서 선택하게 된 회사가 주택 보수공사 회사였다.

이런 일은 좀처럼 없었는데, 입사하기 전날 밤은 정말 긴장되어 잠을 이룰 수가 없었다.

학습교재 판매에서 3년간 연수입 1억2천만 원을 올렸다 하더라도 과연 새로운 세계에서도 통용될 수 있을 것인가. 걱정이 이루 말할 수 없었다.

정면 승부의 세일즈는 학습교재 판매에서는 불가능했다. 하지만 굳이 그 회사를 선택하여 이 방법으로 승부를 걸어 보고자 한 것은, 어쩌면 싫어도 하지 않으면 안 되는 상황으로 나를 몰아세우면 될 것이라는 막연한 생각이 작용했기 때문이다.

그리고 마침내 그 순간이 왔다.

첫날은 영업 선배와 동행했다.

'대체 어떻게 계약을 성사시키는 걸까!'

그 날은 내가 정면 승부를 하지 않아도 되었기에 좀처럼 가라앉지 않는 기대와 불안이 뒤섞인 마음으로 따라 나섰다.

'띵똥' 하고 초인종을 울렸다.

"안녕하십니까. 주택을 보수하는 회사에서 나왔습니다만 댁의 집 외벽에 금이 간 것이 마음에 걸려서 찾아왔습니다……."

"필요 없어요!"

"그렇습니까? ……그래도 방치해 두시면 소중한 집이 상합니다.”

“어쨌든 필요 없어요!”

대부분은 이런 문전 박대가 반복되었다. 이것을 하루 100번 이상 도전하는 것을 목표로 한다는 것이었다.

나의 솔직한 감정은 두 가지였다.

첫째는 ‘이것이 정면 돌파인가? 99퍼센트가 문전 박대다! 이런 식으로 매일 계속하지 않으면 안 되는 것인가? 이렇게 반복한다고 해서 일이 성사되기는 하는 건가?’ 였다.

일단 마음먹고 그 세계에 도전하기로 했지만 솔직히 말해서 험한 세계에 발을 들여 놓았다는 일말의 (사실은 상당한) 후회가 들었다.

그러나 환경이라는 것이 무서웠다. 학습교재를 판매할 때는 그토록 정면 승부에 서툴렀지만 이것밖에는 달리 방법이 없는 그 회사에 다니자니 당연한 것처럼 받아들여지는 불가사의한 일이 일어났다.

● 극비의 성공 대화법 설계도는 어느 업종이든 적용된다

둘째는 동행한 영업 선배의 대화를 듣고서 들었던 감정이었다.

‘어? 이래도 되는 건가? 이렇게 해서 계약이 체결될까?’

확실한 사실은 영업 선배의 대화는 아무리 좋게 들으려 해도 스스로 거절을 이끌어 내는 이른바 '자멸 대화법'이었다. 더군다나 대화를 연결시키기 위한 설정 같은 것도 전혀 없었다.

어쩌면 나와 동행한 영업 선배가 실적이 낮은 탓인지도 몰랐다. 하지만 다른 사람에게 물어 본 결과, 최고의 세일즈맨은 아니지만 그럭저럭 실적을 올리는 사람이라는 것이었다.

나는 여기서 가능성을 느끼게 되었다.

'극비의 성공 대화법 설계도'를 적용시킨다면 학습교재 판매 이상으로 수익을 올릴 수 있을 거라는 느낌이 왔다.

하지만 나를 몹시 불안하게 만드는 요소가 두 가지 있었다.

하나는 3개월 내에 '극비의 성공 대화법 설계도'를 주택 보수 공사 영업에 맞게 완성시켜야 한다는 것이다.

왜 3개월 안에 완성을 시켜야 한다고 생각했는가 하면, 하루에 100번씩 문전 박대를 당한다면 3개월이면 정신적으로 그 한계가 오고 말 것이라고 판단했기 때문이다. 3년 연속 억대 연봉을 달성해 왔음에도 소극적인 사고방식으로 가득 찬 나의 소심한 성격은 그렇게 쉽게 변할 수 없는 것이다.

결국 '이 일은 너무 힘들다'고 포기하게 될 날이 올 것이다. 그러면 또다시 그 악몽의 목소리가 들려오게 될 것이다.

"자네에게는 인내심이 필요하네."

"이런 것도 제대로 하지 못한다면 무엇을 하든지 안 되는 거라네."

"언제나 이런 식으로 포기하고 말 건가?"

그리고 무단결근으로 한달 월급마저 받지 못한 채 회사를 그만 두었던, 그 한심하기 그지없었던 기억까지 되살아나게 될 것이었다.

또 하나의 불안 요소가 있었다.

어쩌다 상담할 기회가 생기더라도 임기응변이 잘 되지 않기 때문에 설계도를 만들어야 하는 것이다. 하지만 학습교재 판매와는 큰 차이가 있었다.

그것은 모범으로 삼을 만한 사람이 없다는 것이었다.

이번에는 처음부터 끝까지 나 혼자 설계도를 만들지 않으면 안 되었다. 과연 멋진 설계도를 만들 수 있을까?

'진정한 사나이가 될 수 있을지 없을지의 갈림길이다!'

입사한 지 3일째 되던 날, 나는 혼자 영업을 나가게 되었다.

정면 승부하자고 굳게 마음먹었지만 역시 혼자 해보려고 하자 좀처럼 쉽지가 않았다.

'이 집은 아직 새집이군', '이 집은 벌써 수리를 했군' 하는 식의 이유를 갖다 붙이면서 스스로 합리화시켜 버리고 마는 것이었다.

사실대로 말하자면 그 일은 상당히 정신 건강에 좋지 않았다. 하지만 그래도 할 수밖에 없지 않은가.

나약한 마음이 들었지만 혼자서 일한 지 3일 정도 지나자 뭔가 감이 잡히기 시작했다.

여기서부터 설계도 작성이 시작되었다.

● 상품의 급소를 찾아라

설계도를 만드는 데에 있어 우선 내가 주목한 것은 주택 보수공사 업종의 경우 '이 상품이 팔리는 급소는 무엇인가?' 하는 것이었다.

여기가 무엇보다 중요하다. '급소'를 생각할 때 기본적으로 두 가지의 돌파구가 있다고 생각한다.

'욕망을 부풀릴 것인가?'
'필요성을 고양시킬 것인가?'

이 상품에서는 둘 중 어느 쪽에 초점을 맞춰야 하는가?

학습교재의 경우에는 자녀를 생각하는 부모의 마음이 '급소'가 될 것이다. '자녀가 훌륭한 어른이 되었으면', '공부를 잘할 수 있게 되었으면' 하는 '욕망'을 어떻게 자극할 것인가가 포인트다.

보험 영업일 경우는 '지금 납입하고 있는 보험에 어떤 불필요한 부분이 있는가'를 공략해야 하고, 건강 상품일 경우는 '지금 사용하고 있는 상품이 어떤 점에서 건강에 도움이 되지 않는가'

를, 자기계발일 경우는 '성공할 가능성이 얼마나 잠재되어 있는 가'를 공략해야 한다.

기본적으로 상품마다 급소라고 하는 것이 있기 마련이다.

그렇다면 주택 보수공사 업종의 경우 그 급소가 무엇일까? 더 군다나 이 업종에서도 도장공사는 고객의 필요성과 욕구가 극 히 낮은 상품이다.

필요성과 구매욕을 고양시키지 못한다면 물건은 팔리지 않 는다.

여기서 내가 착안한 것은 '절박한 필요성'이다.

우선 이 급소를 끌어내기 위한 설계도를 만들어 가는 것이다. 고객으로 하여금 절박한 필요성을 느끼도록 하기 위해서는 어 떻게 하면 좋을 것인가? 이를 위해서는 결함을 찾아낼 필요가 있었다.

페인트가 벗겨졌는지를 알기 위해서는 집의 외벽이나 지붕을 살펴보아야 하기 때문에 고객의 방문 허락을 받아야 한다.

고객의 방문 허락을 받기 위해서는 어떻게 하면 좋을까?

무작정 인터폰을 누르고 나서 고객의 집 상태를 살펴볼 수 있 도록 허락을 받는 일은 무척이나 어렵다.

이런 단계로 넘어가기 위해 '대화를 연결시키는 방법'을 만 들어야 했다.

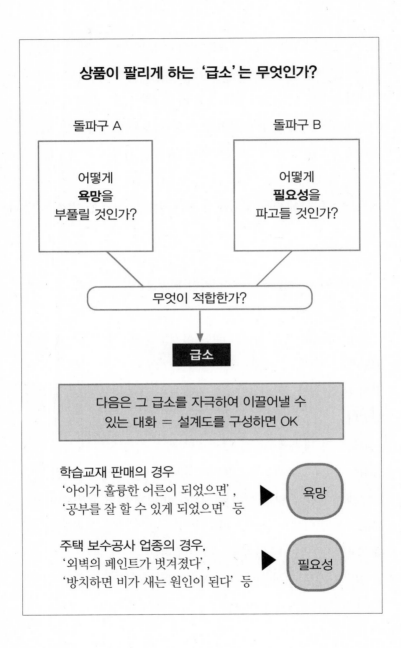

상품이 팔리게 하는 '급소'는 무엇인가?

돌파구 A

어떻게
욕망을
부풀릴 것인가?

돌파구 B

어떻게
필요성을
파고들 것인가?

무엇이 적합한가?

급소

다음은 그 급소를 자극하여 이끌어낼 수
있는 대화 = 설계도를 구성하면 OK

학습교재 판매의 경우
'아이가 훌륭한 어른이 되었으면',
'공부를 잘 할 수 있게 되었으면' 등
▶ 욕망

주택 보수공사 업종의 경우,
'외벽의 페인트가 벗겨졌다',
'방치하면 비가 새는 원인이 된다' 등
▶ 필요성

입사한 지 5일째 되던 날, 이 일에 대한 감이 잡히기 시작했다.

무엇을 깨달았는가 하면, 동종 업자들이 빈번하게 각 가정을 방문하고 있다는 사실이었다. 그리고 그들이 고객에게 접근하는 방법의 특징과 한계를 파악하게 되었던 것이다.

● 어떻게든 고객과의 대화를 이끌어 내라

나는 이러한 문제점을 염두에 두고 설계도를 작성해 나갔다.

"안녕하세요. 이 근방에서 도장공사를 전문으로 하는 회사에서 나왔습니다……."

동종 업종의 사람들이 모두 이런 식으로 접근을 한다. 이것을 바꿀 필요가 있다고 나는 생각했다.

이런 식으로 접근하면 귀찮아하면서 바로 문전박대 당하기 십상이다. 정말 구태의연하기 이를 데 없는 방식이었다.

나는 이렇게 바꾸었다.

"안녕하세요. 언제나 고객님께 감사드립니다. ○○ 지역에 있는 □□ 회사입니다. 고객님의 집에 뭔가 문제가 있으실 때 언제라도 저희를 부르실 수 있도록 팸플릿을 두고 가고 싶습니다……."

'○○ 지역에 있는' 하고 구체적으로 지명을 넣어 주는 것과 '언제나 고객님께 감사드린다'는 말을 함으로써 진실성을 부여

하고 '동네 회사'라는 인식을 심어 주어 친근감으로 접근한다.

그 다음으로 대부분의 동종 업자들의 구태의연한 말은 이랬다.

"외벽이 갈라진 것이 눈에 띄어서요……."

인사도 하는 둥 마는 둥 하고는 느닷없이 집에 대한 결함을 지적하면 대부분의 고객은 기분 나빠한다. 이렇게 되면 고객과의 대화가 이루어질 리가 없다.

고객의 입장에 서서 설득될 만한 대화가 이루어져야 한다. 나는 다음과 같이 대화를 시도해 보았다.

"팸플릿을 두고 가고 싶습니다"라고 말하고 팸플릿을 전한다. 그러고는 대화를 자연스럽게 연결시킨다.

"불러 주시면 신속히 달려오겠습니다, 사모님. 잘 부탁드립니다. 아무쪼록 이 팸플릿을 쓰레기통에 바로 버리지 마시고 꼭 읽어봐 주세요!"

방문 목적이 도장공사에 관한 것이 아니라 팸플릿을 주려는 것이라고 말함으로써 고객이 경계심을 풀도록 만드는 것이다. 그리고 팸플릿을 전달하기 위해서는 고객과 얼굴을 마주하게 되는 기회가 생겨난다. 그렇게 되면 어떻게 되는가?

지금껏 방문할 때마다 문전박대만 당해 왔던 나는 이런 식으로 방법을 바꾸고 나서는 고객과 직접 대면할 수 있게 되었다.

그리고 "수고하십니다"는 말을 듣기도 했다. 이 얼마나 멋지고 가슴 뿌듯한 말인가! 이쯤 되니 정면 승부에 대한 부담감이

대폭 경감되어 버렸다. "수고하십니다"라는 한 마디에서 얻을
수 있었던 그 구원감이라니!

출구 없는 미로를 헤매고 있다가 구원자를 만난 듯, 사막 한
가운데서 헤매다가 누군가가 전해 주는 물을 마시는 듯한 기분
이랄까. 정면 승부 식의 영업을 하고 있는 사람들은 이 기분을
이해할 것이다.

그리고 마지막 포인트는 이것이다.

"아무쪼록 이 팸플릿을 쓰레기통에 바로 버리지 마시고 꼭 읽
어봐 주세요!"

이 말을 하게 되면 고객은 희미한 미소를 짓게 될 것이다. 억
지로 웃게 만들 필요까지는 없지만 고객의 웃음을 이끌어 내는
것은 중요하다.

세일즈를 잘 하는 사람들이 흔히 하는 말이 있다.

"계약을 체결하기 전에 우선 고객을 웃겨라!"

하지만 이것으로 끝나는 것이 아니다. 팸플릿을 손에 든 고객
은 어느새 집 안으로 들어가 버린다. '수고한다'는 말의 여운을
음미할 여유도 없다!

들어가기 전에 '대화를 연결시키는 방법'이 있어야 한다. 그
렇지 않으면 모처럼의 기회를 놓치게 되는 셈이다.

● 장사꾼 냄새를 내지 마라

나는 고객이 무심코 "예"라고 대답하지 않을 수 없는 '공통 화제'를 생각해 보았다. 말하자면, 공통 화제에는 날씨, 개, 정원 등에 관한 이야기들을 들 수 있다.

여기서는 가능한 한 상품 (도장공사)에 관련된 화제를 찾아내야 한다. 화제를 이끌어 낼 수만 있으면 대화는 쉽게 이어질 수 있다. 그리고 조기에 구매 의사도 확인이 가능하다.

어떤 고객이라도 "네"라고 대답할 수밖에 없는 공통 화제, 더군다나 도장공사와 관련해서 도대체 무슨 공통 화제가 있을 것인가?

하지만 여기서 내가 생각해 낸 것은 '대화를 연결시키는 방법'이었다.

"그런데 사모님, 방금 전에 만난 사모님께서는 요즘 주택 보수공사 업자들이 매일같이 온다고 하시던데 사모님 댁도 그러신가요?"

"정말이에요. 매일같이 와요. 특히, 우리 집은 오래된 집이라서 더 자주 오는 거 같아요."

이 대화를 연결시키는 비법을 나는 '형사 콜롬보 대화법'이라고 이름 붙였다.

고객이 팸플릿을 들고 집으로 들어가려는 순간에 "그런데 사모님" 하고 말을 꺼내 일단 고객의 발걸음을 멈추게 한다. 그리고 본론을 말하는 것이다. 왜 이 방법이 통하느냐 하면 고객이 팸플릿을 받고서 안심하는 순간에 치고 들어가기 때문이다.

기습 공격을 하듯이 고객의 관심을 유도해 낸 후, 이어서 "방금 전에 방문했던 사모님께서는……" 하고 본론으로 들어간다.

'잘 나가는 세일즈맨들은 질문에 능숙하다'는 말을 듣는다. 그런데 그 질문이라는 것이 사정청취事情聽取가 되어서는 안 된다는 점이다.

사정청취라는 것은 이런 것이다.

"그런데 주택 보수공사 업자들이 매일같이 옵니까?"

"주로 무슨 말을 하던가요?"

"그래서 어떻게 생각하시고 계십니까?"

이런 식으로는 절대 대화를 지속할 수 없다. 사정청취 대화를 하기 전에 바로 이렇게 이어 나가는 것이다.

"방금 전에 만난 사모님께서는……."

이 말을 서두에 꺼내기만 하면 되는 것이다. 컵라면을 끓이는 것보다 간단하다. 서두에 덧붙여서 대화를 이어나가면 사정청취가 세상 사는 이야기로 변화된다.

그러면 왜 세상 사는 이야기를 하는 것이 좋을까? 그것은 장사꾼 냄새가 사라지게 하기 때문이다.

질문할 때 이것만은 절대 명심하자. "방금 전에 만난 사모님

정면 승부의 공포가 사라지는 4가지 노하우

| 1 | 소개할 때 구체적인 지역을 말한다 |

'동네 회사' 라는 인식으로 친근감을 갖게 한다

| 2 | 방문 목적이 얼굴 인사라고 말한다 |

고객이 경계심을 풀게 한다

| 3 | 고객이 안심하면 공통의 화제를 꺼낸다 |

방문 목적으로 자연스럽게 유도하기 쉽게 한다

| 4 | '방금 전에 만난 고객' 의 말을 대화 속에 넣어라 |

사정청취가 세상 이야기로 변함으로써
'장사꾼 냄새가 사라진다'

세일즈맨의 정신적인 부담이 가벼워질 뿐 아니라
예상 고객으로 만드는 확률도 대폭 높아진다

께서는……" 하는 말을 꼭 서두에 달자. 이것이 바로 장사꾼 냄새를 없애는 데 빼놓을 수 없는 비법이다.

그리고 나서 "요즘 주택 보수공사 업자들이 매일같이 온다고 하시던데……" 하고 치고 들어가는 것이다.

고객이 거절하는 말 중에서 가장 흔히 듣는 말을 꼽아 보라.

첫 번째, "괜찮아요!"

두 번째, "매일같이 찾아오니 정말 귀찮아요!"

세 번째, "팸플릿 있으면 우편함에 넣어 둬요!"

이 중에서 두 번째의 말, "매일같이 찾아오니 정말 귀찮아요!" 하는 말은 사실 대화를 생동감 있게 만들어 준다.

어쩌면 나의 성공 대화법은 거절하는 말에서 태어났다고 해도 과언이 아닐 정도다.

학습교재를 판매하던 때 고객과의 대화에서 몇 번씩 던지는 "방금 전에 만난 고객께서 말씀하셨습니다만……" 과 같은 방식의 대화법은 상담 실전의 체험에서 나온 것이다.

장사꾼 냄새를 내지 않고 고객과의 대화를 이끌어 내면 자연스럽게 진실한 말이 오가게 되고, 대화에 확신을 가질 수 있게 된다. 그리고 확신을 갖고 이야기를 하면 이는 당연히 고객에게도 전달된다. 이어서 이렇게 말한다.

"……하시던데 사모님 댁도 그러신가요?"

그러면 대화는 자연스럽게 이어지게 된다. 그러므로 승부는 이제부터다.

● 고객을 안심시키고 말을 유도하기 위해 질문을 던져라

그럼, 필살의 비법을 구사한 대화를 소개하겠다.

세일즈맨	그런데 사모님, 방금 전에 방문했던 집의 사모님께서는 요즘 집수리를 하는 업자들이 매일같이 온다고 하시던데 사모님 댁도 그러신가요?
고　객	정말이에요. 매일같이 와요. 특히, 우리 집은 오래된 집이라서 더 자주 오는 거 같아요.
세일즈맨	어느 부분을 고쳐야 한다고 말하던가요?
고　객	저기요. 저기 갈라진 부분을 내버려두면 빗물이 스며든다나 어쩐다나. 아주 귀찮아요.
세일즈맨	그렇습니까? 제가 보기엔 빗물이 스며들 정도는 아닌 듯한데요. 그런데 사모님께서는 보수를 해야 한다고 생각해 보신 적은 없습니까?
고　객	비가 샐 정도는 아니겠죠? 뭐, 사실 돈 문제죠…….
세일즈맨	그러시군요. 사모님이 말씀하신 대로 입니다. 집을 보수한다는 것이 돈이 들어가는 일이죠. 대략 얼마

정도 드는가는 알고 계시겠죠?

고　　객　　뭐, 대충요.

　　사실 이 특별할 것도 없는 대화 속에서도 학습교재 판매할 때 배양했던 '극비의 성공 대화법 설계도'의 기술들이 숨겨져 있다.

　　"갈라진 틈이 있어서 빗물이 스며들 거예요."

　　동종 업자들이 흔히 사용하는 접근 단계의 말이다. 이런 말은 오히려 고객을 불쾌하게 할 뿐이다. 그래서 나는 "빗물이 스며들 정도는 아닌 듯한데요" 하는 식으로 결점을 자극하는 대화법 대신 안심시키는 대화법을 사용한 것이다.

　　이어서 "그런데 사모님께서는 보수를 해야 한다고 생각해 보신 적은 없습니까?"라고 질문을 던져 집의 결함에 대해 고객이 신경 쓰고 있는지 아닌지를 확인한다. 그리고 신경 쓰고 있다는 판단이 되었을 때는 비용에 대한 정보를 가지고 있는지를 확인해 보는 것이다. 비용에 대한 정보를 가지고 있다는 것은 집수리를 하고자 하는 마음이 있음을 나타내는 것이다.

　　아무렇지 않은 듯한 대화 속에서 하나하나 던지는 질문들은 고객이 어느 정도의 구매 의사가 있는지를 판단하기 위한 각각의 역할을 한다.

　　이제 대화는 핵심 부분으로 이어진다.

세일즈맨	그렇군요. 요즘 회사마다 광고 전단지를 만들어 뿌리기 때문에 대부분의 고객께서는 비용에 관해 알고 계시는 것 같더군요. 사모님께서는 가을쯤에 수리하실 계획이십니까, 아니면 내년 정도에 하실 생각이십니까?
고 객	이런 것은 남편이 정합니다.
세일즈맨	아, 그러시군요. 남편께서는 주말에는 쉬시겠지요?
고 객	그렇죠. 일요일은 늘 쉬지요.
세일즈맨	그렇겠지요. 일요일에는 오전과 오후 어느 쪽이 댁에 주로 계십니까?
고 객	오후에는 외출을 잘 하세요. 오신다 하더라도 공사를 할 계획은 없어요.
세일즈맨	물론이지요! 공사를 부탁하신다면 좋지만 그러시지 않아도 됩니다. 마침 가까운 곳에서 지붕 상태가 좋지 않다고 이번 주 일요일에 좀 봐 달라고 하는 댁이 있어서 오는 길에 남편과 인사라도 할 수 있을까 해서요.
고 객	찾아오시는 것은 상관없습니다만 저희 남편도 공사할 계획이 없다고 말할 거예요.
세일즈맨	전혀 상관없습니다. 사모님하고 남편께 얼굴 인사를 드리는 것만으로도 좋습니다. 정말 집을 수리한다는 것이 돈이 들어가는 일이기 때문에 지금 당장

하시라고 말씀드리지는 못합니다. 나중에 수리하지 않
으면 안 될 때 맡겨달라고 인사 차원에서 방문하고 싶
습니다. ('나중에' 라는 '안전지대 대화법' 을 사용한다.
고객에게 진실하다는 것을 느낄 수 있도록 신경 쓰자.)

고   객   그러시다면 상관없겠군요.

세일즈맨   그러면 일요일 11시 정도에 잠깐 들르겠습니다. 남
편께 잘 말씀드려 주십시오.

이 대화에서의 포인트는 고객이 말하기 쉽게 질문을 던져 나
가는 것이다. "언제 수리하실 생각이십니까?" 하고 구체적으로
질문하는 것보다는 "사모님께서는 가을쯤에 수리하실 계획이십
니까, 아니면 내년 정도에 하실 생각이십니까?" 하는 식의 양자
택일로 묻는 것이 포인트다.

고객이 대답하기 쉬운 질문을 던지는 것은 고객의 무의식적
인 거절을 피하기 위해서다.

생면부지의 사람에게서 질문을 받는다면 누구나 무의식적으
로 거절하고 싶은 생각이 들기 마련이다. 집수리를 할 생각을
갖고 있었다 하더라도 전혀 모르는 사람이 찾아와서 수리를 해
야 한다고 말하면, 반사적으로 아직 계획이 없다고 대답하기 마
련이다.

따라서 아직 계획이 없다는 대답이 나오지 않도록 막연한 질
문보다는 양자택일의 질문을 던진다. 남편이 쉬는 때를 물을 때

도 '토요일과 일요일에 쉬는지', 아니면 '일요일만 쉬는지', 시간을 물을 때도 '오전, 오후 중 어느 쪽이 좋은지'를 물으면서 범위를 좁혀 나간다.

그리고 재차 방문하는 것이 고객에게 부담을 주지 않기 위해 지금 당장 수리하라는 것은 아니라는 뜻의 말을 반복하여 고객을 '안전지대'로 몰아넣는다.

'마침 가까운 곳에 방문하기로 되어 있기 때문에'

'남편께 얼굴 인사라도 해두기 위해서'

'나중에 맡겨 달라고 인사 차원에서'

이런 식으로 고객에게 부담을 주지 않는 말을 반복한다. 목적은 재방문하여 선택권이 있는 남편을 만나는 것이기 때문이다.

● 방문 건수보다 상담으로 이어지는 것이 중요하다

이 대화를 보면서 '돌려서 설득하는 것도 번거로운 일이다'라고 생각하는 사람들도 있을지 모르겠다. 동행했던 영업 선배와 다른 영업자들은 하루 100회 이상 방문하는 것을 목표로 하고 있다. 나처럼 돌려서 설득하는 것이 아니라 직접적인 접근 방식을 택했다. 그렇게 해서 도장공사를 해야 할 고객을 찾아다니는 것이다.

하지만 나의 이런 '극비의 성공 대화법 설계도'의 방식을 사용하면 방문하는 집이 절반으로 줄어든다. 결코 일을 게을리 해서가 아니다. 상담 시간이 그만큼 길기 때문이다.

그리고 이런 방식을 사용하여 접근한 경우, 상담으로 이어질 확률이 3배 이상 높아진다.

방문 건수가 중요한 것이 아니다. 고객이 진심으로 거절하는 것인지, 도장공사를 할 마음이 있는 것인지, 아니면 도장할 마음은 있더라도 당장 할 수 없는 경우인지를 파악하는 것이 중요하다.

어쨌든 영업 방식을 바꾸고 나니 정신적으로 우선 편안해졌다. 문전박대를 당하면서 도장공사를 당장 해야 할 고객과의 만남을 기대하는 방식보다는 돌려서 설득하는 방식을 이용했을 경우 100배 이상 정신적으로나 육체적으로 덜 고단했다. 이 일은 고객과 대화를 하지 않으면 아무것도 되지 않기 때문이다. 고객과의 대화가 일단 이루어져야만 계약은 이루어질 수 있는 것이다.

그런데 학습교재 판매와는 큰 차이가 있다. 바로 결정권자가 다르다는 점이다.

학습교재의 경우는 결정권자가 대부분 어머니 쪽이었다. 하지만 집수리의 경우는 부인과 남편이 같이 상의해서 정해진다. 따라서 필수적으로 두 사람의 결정권자와의 만남이 설정되어야 하는 것이다. 평일에 방문하여 주말에 재방문할 수 있도록 만드는 것이 이 영업의 방식이다.

보수공사용 '극비의 성공 대화법 설계도'가 완성되고 나서 재방문 약속이 주말 스케줄에 가득 찰 정도가 되었다. 그렇지만 하루 100건 이상 줄곧 방문만 하는 영업자들이 잡은 주말 약속과 비교하면 나의 경우는 성공률은 그다지 높지 않았다.

방문 건수는 적지만 그래도 주말의 재방문 건수는 많다. 하지만 성공률은 낮다. 과연 이런 방식으로 계약을 성사시킬 수 있을 것인가?

아무리 정신적으로 편안한 방법이라고 해도 계약이 체결되지 않는다면 아무런 소용이 없는 것이다. 나는 다시 불안해지기 시작했다.

어느 날 한 고객의 집을 재방문했다.

세일즈맨　안녕하십니까. 일전에 댁에 팸플릿을 놓고 갔던 ○○ 회사입니다. 그 당시 사모님과 잠시 이야기를 나눴습니다만…….

고　　객　아, 그 팸플릿이군요. 지금은 공사할 계획이 없어요.

세일즈맨　아, 물론입니다! 아직 그다지 집이 상하지도 않았으니까요. 지금 당장 하실 필요는 없습니다. 나중에 갑자기 무슨 문제가 생긴다면 그때 불러 주셨으면 하고…….

고 객	아, 그러시군요. 팸플릿을 잘 챙겨 놓았으니까 무슨 일이 생기면 전화 드리지요. (이야기를 빨리 중단하려는 남편. 하지만 틈을 주지 말아야 한다.)
세일즈맨	감사합니다, 사장님. 부디 팸플릿을 쓰레기통에 버리지 마시고 잘 보관했다가 필요할 때 불러 주십시오!
고 객	걱정하지 마십시오. 잘 챙겨 두지요. (고객은 서둘러 말을 끝내려 한다. 다시 틈을 주지 말아야 한다.)
세일즈맨	그런데 사장님. 방금 전에 방문한 집의 사모님께서 말씀하시기를 늘 주택 보수공사 업자들이 찾아온다던데 댁에도 그렇습니까?
고 객	주말엔 언제나 찾아오는 편이지요.
세일즈맨	그렇습니까? 일전에 사모님께서 도장공사에 들어가는 비용을 대체적으로 알고 계시던데, 견적은 몇 번이나 받아 보셨습니까?
고 객	몇 번이라기보다 한 번 받아 보았습니다. 돈이 들어가는 일이라 지금 당장 할 수는 없어서 견적만 받아 보았지요. (한 번 견적을 받아 보았다는 것은 공사를 할 확률이 높다는 것을 의미한다.)
세일즈맨	그러셨군요. 돈이 다소 들어가죠. 그런데 그 견적 비용이 어느 정도 나왔습니까? (탐색해 본다.)

고 객	그런 것까지 말해야 합니까? 당장 할 것도 아닌데. (쉬운 상대가 아니다!)
세일즈맨	그러시군요. 그러시면 사장님께서는 가을 정도에 하실 계획입니까, 아니면 내년 정도에 하실 계획입니까?
고 객	내년 이후이지요.
세일즈맨	아, 그러시군요. 아직은 그다지 집이 상하지는 않았으니까요. 그런데 사장님. 혹시나 해서 드리는 말씀입니다만, 한 번 견적을 받아 보셨다니까 참고삼아 저희 견적도 한 번 받아 보시죠. 물론 견적을 받는다고 해서 공사를 해야 한다는 뜻은 절대 아닙니다.
고 객	그럴 필요 없어요. 괜찮습니다. (두 번 거절당하는 경우는 그것으로 끝이다. 이것이 '극비의 성공 대화법 설계도' 의 법칙이다. 그러므로 한 번 더 도전해 본다.)
세일즈맨	그러시군요. 알겠습니다. 그런데 지난주에 공사하신 고객께서 하신 말씀입니다만 저희와 다른 회사의 견적 비용을 비교해 보니 차이가 많이 난다고 놀라시더군요. 적어도 세 회사 이상은 견적을 받아 보시는 게 좋다고 생각합니다. 요즘은 견적이 컴퓨터에 입력만 하면 나오기 때문에 그것을 참고로 보시는 것도 좋을 듯해서요. 견적을 내기 위해 필요한 것을 살펴보는 데는 5분도 안 걸립니다.

고   객   정말 당장 할 마음은 없습니다. 그래도 괜찮다면 견
              적을 내 보시죠.

세일즈맨   예, 물론입니다. 그저 내년이나 내후년이라도 공사
              하실 때 연락해 주시길 바랍니다. 그럼 집을 좀 살펴
              보겠습니다. 그리고 견적을 뽑아 오겠습니다.”(실은
              여기에 중요한 의미가 있다. 그 비밀은 이제 곧 밝히
              겠다.)

나의 이런 식 상담 방식을 두고 영업 선배가 이렇게 말했다.

“자네, 그런 식으로 하면 계약을 딸 수 없어. 좀더 적극적으로
하지 않으면 입에 풀칠하기 힘들 거야.”

분명 나의 방식이 소극적인 것은 틀림없었다.

견적만 뽑아 주면서 돌아다니기만 한다면 영업 선배가 말한
대로 계약이 이루어질 수 없다는 것을 왜 모르겠는가? 하지만
내게는 작전이 있었다.

도대체 어떤 작전인가? 그 비결을 공개하겠다. 물론 학습교재
판매 때와 완전히 동일한 방법이다. 바로 ‘급소’인 것이다.

● 고객의 필요성을 이끌어 내라

견적서를 주는 날이다.

"일전에도 말했듯이 견적서를 보기만 해도 상관없죠?"
"(급소를 찔렸다는 표정을 지어 보이며) 물론이지요. 나중에
참고해 주십시오. 아무래도 팸플릿만 전해 드리는 것하고 견
적서를 뽑아 드리는 것하고는 다르니까요. 이것이 견적서입
니다. 살펴보십시오." (여기서도 Yes 3회 연속을 시작한다.)
"어디 어디……."

견적서의 내용, 공정, 공사 기간, 내구 년수, 애프터서비스 등
을 알기 쉽게 설명해 나간다.

"그리고, 사장님. 아, 사모님께서도 이것 좀 봐주시면 좋겠습
니다만……." (사진을 꺼내 보여준다) 이것은 사장님 댁을 살
펴보던 중 마음에 걸리는 부분이 있어서 찍은 것입니다."
"예? 이건 우리 집 사진이네요?"
"예, 이것은 1층 북쪽 면의 사진입니다. 이런 상태인 줄 모르
셨죠?"
"네, 몰랐어요. 이 정도였나?"
"그렇습니다. 잘 살펴보지 않는 부분이니까요. 같은 북쪽 면

이라고 해도 이 부분과 여기는 보시는 대로 전혀 이상이 없습 니다. 그리고……."

사실 집을 살펴볼 때 필름 한 통 정도의 사진을 찍어 두었던 것이다. 결함이 있는 부분과 없는 부분 모두를. 마치 특별 감리 반의 일원인 것처럼 아무리 작은 결함이라도 벽에 매달리듯 조 사해서 모든 것을 사진으로 찍어 두었던 것이다.

왜 그렇게까지 해야 하는가 하고 물을지도 모른다.

하지만 '급소'가 바로 이 부분이기 때문이다. '절박한 필요 성'을 어떻게 하면 고객으로 하여금 느끼도록 할 수 있는가? 승 부는 여기서 결정된다!

그렇기 때문에 나는 이렇게 했던 것이다.

포인트 하나, 고객이 모르고 있는 결함 부분을 알려 준다.

그렇게 함으로써 '이 정도인가? 몰랐는걸. 이건 지금 당장 고 치지 않으면 안 되겠구나' 하는 절박한 필요성을 고객에게 일깨 워 준다.

포인트 둘, 사진을 많이 보여 준다.

사진의 수가 3장인 것보다는 5장, 5장보다는 10장을 보여 주 는 편이 진실성을 더 줄 수 있게 된다. 가까이에서 찍고 멀리서 찍고, 작게 찍고 크게도 찍어 두는 것이 중요하다.

포인트 셋, 사진을 보여 주면서 설명해 준다.

이것이 중요하다. 충분히 알고 있다고 생각했던 결함도 사진으로 보여 주면 새삼 '이렇게 상해 있었나!' 하고 실감하게 되는 법입니다. 또한 손상되지 않은 부분의 사진도 보여줌으로써 손상된 부분과의 격차를 깨닫도록 해준다.

이렇게 사진을 보여주면서 결함 부분이 어떤 상태인가를 고객에게 확인시켜 나가면서 설명한다. 이것은 움직일 수 없는 증거인 동시에 고객의 구매 의사를 강하게 자극하고 만다.

그러고 나서 함께 집 밖으로 나가서 그 결함 부분을 눈으로 직접 확인시킨다. 그렇게 되면 고객은 어쩔 수 없이 도장을 준비하게 된다.

이때 손상된 부분을 방치할 경우, 어떤 문제가 생기는지를 설명해 준다. 물론 자신의 주관적인 견해를 설명하는 것이 아니라 '다른 사례'를 들어 이야기해 주는 것이 포인트다.

고객은 주관적인 설명은 듣고 싶어 하지 않아도 다른 사람의 이야기는 듣고 싶어 한다. 그리고 일단 검증된 사례를 듣게 되면 고객은 더욱 신뢰하게 된다.

내가 제시한 세 가지 포인트는 비단 '필요성'에 착안한 상품뿐 아니라 '욕망'에 착안한 상품의 경우에도 적용된다.

예를 들어 뷰티클럽의 경우라면 "이것을 이용하면 당신도 좀 더 아름다워질 수 있다!"라는 '욕망'을 자극할 수 있다.

포인트 하나, 고객이 모르는 효과까지 알려준다.

"이 상품을 이용하는 것은 주목적 이외에도 다른 효과까지 볼 수 있어요" 하는 식의 이야기를 하면 고객의 '욕망'은 자극받는다.

포인트 둘, 여러 가지 사례를 많이 들려준다.

그 상품을 사용해서 효과를 본 사람들의 사례를 많이 이야기해주면 고객은 신빙성을 가지게 된다.

포인트 셋, 실제로 보여준다.

효과를 본 사람의 사진과 생리학적 효과를 설명한 그림, 권위자의 추천서 등을 보여주면 한층 '욕망'은 자극받는다.

이런 식으로 다른 상품의 영업에도 응용할 수 있다. 하지만 명심할 사항은 이 '욕망'에 착안한 상품의 경우에도 역시 주관적인 '설명'이 아닌 사례 중심의 '이야기'로 전달해야 한다는 것이다.

● 강력한 3단계 작전 대화법

그럼, 본론으로 돌아가도록 하자.

남편도 아내도 사진에 눈이 고정된 상태이다. 그때 비로소 부인이 입을 연다.

"여보, 수리하지 않으면 안 될 것 같아요. 미리 하면 어떨까요?"

"응, 그런가…….”

"사장님, 저기…….”

"아, 감사합니다. 하지만 처음 말씀드린 대로 내년 이후에나 할 생각입니다. 그때 연락을 드리도록 하죠. 이렇게 견적서도 작성해 주시고, 이해하기 쉽게 설명도 잘 해 주셨으니……. 게다가 사진까지 찍어서 확실히 보여 주셨고요. 공사할 때 틀림없이 연락드리겠습니다."

아, 대단히 고집 센 고객이다. 물어도 이빨이 들어가지 않을 정도다. 끝내 남편의 페이스에 말려들고 말았다.

흔히 이것을 '보류保留'라고 말한다.

역시 선배 말대로 이런 식으로 상담하면 계약이 이뤄지지 않는 것일까? 하지만 사실은 이미 작전이 다 세워져 있다. 그 작전이 무엇인가 하면 바로 이런 것이다.

무엇을 숨기겠는가? 이것 역시 보수공사용 '극비의 성공 대화법 설계도' 속에 이미 설정되어 있다. 지금까지 대화의 풀코스가 끝났다. 그러면 이제부터는 디저트코스이다.

그 단계는 '3단계 작전'이다.

그럼 실황 중계를 지켜보라.

세일즈맨 정말 감사합니다. 그렇게 말씀해 주시니 정말 고맙습니다. 그런데 이 이야기는 좀 급한 사항이라서 괜찮으시다면 이야기해 드리고 싶습니다만······. 들어 보시고 필요 없으시면 염려 말고 거절해 주십시오. (선택권을 주는 것이다.)

남 편 무슨 이야기죠?

세일즈맨 예, 좀 급한 사항입니다. 저희들은 발주할 때 이 색상 견본에 나와 있는 색상 넘버로 발주합니다. 그런데 마침 1개월 전에 저희가 번호를 잘못 발주하는 바람에 이 4474번과 7442번 두 가지 색이 재고가 생겼습니다. 그래서 저희 회사에서는 언제까지나 재고로 쌓아 둘 수 없기 때문에 괜찮으시다면 이 두 가지 색상에 한해서는 일반 가격보다 싸게 제공해드릴 수 있습니다. 만일 두 가지 중에서 어느 것도 괜찮으시다면 견적가에서 10퍼센트 정도는 싸게 해드릴 수 있습니다.

남 편 빨리 결정해야 한다는 말이군요.

세일즈맨 그렇습니다. 하지만 필요하지 않으면 하지 않으셔도 전혀 상관없습니다. 다만, 오늘 일단 결정해 주셔야

합니다. 이 두 가지 색상을 내일 다른 거래처로 넘길 예정이거든요. 두 가지 색상으로만 한정되어서 다소 문제입니다만, 사실은 고객들이 이 두 가지 색상을 가장 많이 선호하는 편입니다. 어차피 하실 계획이시라면 모처럼 저렴하게 하실 수 있는 기회라서 말씀드린 것뿐입니다. 이 두 가지 색상이 취향에 맞으실지 모르겠군요.

부 인   난 이 색깔이 좋아요. 여보, 모처럼의 기회인데 이번에 해버리죠. 어차피 할 거라면 빨리 해버려요.

남 편   응, 그런가…….

세일즈맨   사장님, 사진을 보시면 이 부분 말인데요. 다른 곳은 몰라도 이쪽 부분은 바로 하시는 편이 나을 겁니다. 어차피 하시려고 마음먹고 계셨다면 사모님 말씀에도 일리가 있습니다.

남 편   그런가? 여보, 당신이 그렇게 말하니까 어차피 할 거 이번에 해버리자고.

남편이 주장했던 '내년 이후'가 '이번에 하자'로 되고 말았다. 무엇 때문에 이렇게 된 것일까? 그 원인을 분석해 보자.

장점은 '10퍼센트 정도 싸다'는 점이다. 단점으로는 '오늘 결정해야 한다'와 '두 가지 색으로 한정되어 있다'는 점이다.

이 세 가지 조건이 나열되었을 때, 강력한 장점과 단점으로 인해 중간에 끼어 있는 '오늘 결정해야 한다'는 조건이 다른 두 가지 조건에 비해 상대적으로 희미해진다.

즉, 3단계 작전이다. 이것은 강한 장점 '10퍼센트 정도 싸다'와 약한 단점 '오늘 결정해야 한다', 그리고 강한 단점 '두 가지 색으로 한정되어 있다'의 3단계로 진행된다.

여기서 포인트는 강한 장점과 강한 단점을 내세워 중간의 약한 단점에 주목하지 않게 하는 것이다.

만일 강한 장점 = '10퍼센트 정도 싸다'와 약한 단점 = '오늘 결정해야 한다'의 두 단계만 말한다면, "오늘 결정하시면 10퍼센트 싸게 해드립니다"라는 식의 전형적인 영업 전략이 되고 만다.

그렇게 되면 "어째서 오늘 결정하면 싸지는 거지?", "어쩌면 더 싸게 할 수 있을지도 몰라?" 하는 의문만 싹트게 된다. 무엇보다도 오히려 신뢰를 손상당할 뿐이다.

오늘 결정해야 한다는 조건과 그로 인해 얻을 수 있는 이익과 불이익을 제시하는 것이 중요하다.

따라서 대화의 풀코스로도 계약이 체결되지 않았을 경우를 대비해 반드시 디저트코스 '3단계 작전'을 준비하는 것을 잊어서는 안 된다.

그런데 이 경우에는 왜 처음 단계에서 "오늘이 마지막입니다"라는 '사전 보류 봉쇄'를 사용하지 않았는지 의문을 가지는 사람도 있을 것이다.

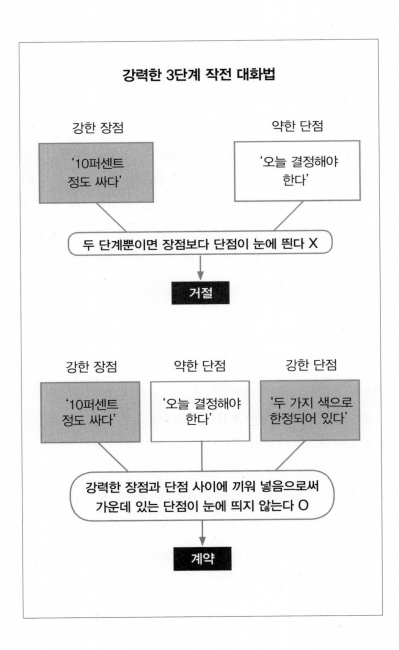

그 이유는 학습교재와 달리 보수공사의 경우는 우선 방문해서 얼굴을 익히게 하고, 견적서를 만들어 주고 하는 식으로 몇 단계의 과정을 거쳐야만 계약에 이를 수 있기 때문이다. 그래서 보수공사 업종의 경우는 '사전 보류 봉쇄'를 사용할 수 없다.

어쨌든 이 '3단계 작전' 대화법은 대단한 효과가 있다. 하지만 여기서 착각해서는 안 될 것이 있다.

그것은 '3단계 작전' 때문에 계약이 성사되는 것은 아니라는 점이다. 먼저 대화의 풀코스를 완벽하게 테이블 위에 올려야만 된다. 이것이 결함이 있으면 아무리 맛있는 디저트라 하더라도 고객은 만족하지 않을 것이다.

특히, 대화의 풀코스 과정에서 고객을 움직이게 하는 '급소'를 눌러 줘야 한다. 이것을 놓치면 운에 맡기는 영업으로 전락하고 만다.

● 무조건 계약을 성사시키려는 마음을 버려라

"단 한 건이라도 여러 번 방문해서 가능성을 늘려 나갑시다. 그리고 고객과 계약할 수 있다는 성공 이미지를 가지고 행동합시다! 기도 씨처럼 말입니다."

입사한 지 45일 만에 최고의 성과를 올린 나를 사장은 이렇게 추켜세우며 회의에서 사원들에게 연설했다.

그 말을 듣고 있자니 상당히 민망스러웠다. 왜냐하면 지금껏 '성공 이미지를 가지고 행동한' 적이 없었기 때문이다. 학습교재 판매 시절부터 줄곧 그랬던 것처럼 나는 고객과 조금 대화를 해보고 '아, 이 고객은 정말 어려울 거 같아!' 하고 생각해 버리곤 했다.

전직 100회 이상의 경험을 한 나의 골수까지 박힌 소극적인 사고방식은 연수입 1억2천만 원을 달성하고도 사라지지 않았던 것이다.

'이 고객은 어려울 것 같다' 라는 생각이 들 때는 '이건 실패다' 라고 판단해 왔던 것이다.

'성공 이미지를 가지고 행동한다' 라는 말은 비단 사장의 말이 아니라 영업 관련 서적이나 자기계발 서적에 늘 쓰여 있다. 그러나 나에게 있어서 '성공 이미지를 가진다' 는 것은 계약을 성사시키는 것보다 어려운 일이다. "성공 이미지를 가지세요" 하는 말을 들었을 때 "예, 알겠습니다"라고 단순히 대답만 할 수는 없었기에 나는 고민해 보았다.

성공 이미지를 가지지 않고서도 어떻게 계약을 체결할 수 있었던가?

나 자신을 분석해 본 결과, 이런 답에 도달했다.

"이건 실패다"라고 체념하고는 단지 '극비의 성공 대화법 설계도' 의 모든 전략을 적용시켜 나간 때문이었다. 그 결과 계약을 성사시키는 방식이 나의 패턴이었다.

골수까지 소극적인 사고방식이 박혀 있는 나였지만, 그래도 어쩌다가 '이번 고객은 성공할 것 같다' 라는 생각이 들 때가 드물게도 있었다. 그러나 그런 생각이 든 경우라도 거의 다 계약에 실패하고 말았다.

나의 성공 패턴은 우선 포기하고 기대하지 않는 것이다. 그리고 단지 '극비의 성공 대화법 설계도' 의 모든 방식을 실행하는 것이다. 자만스럽게 말하자면 어떤 의미에서 나는 '무無의 경지' 에 이르러 있었던 것이다.

'무조건 계약을 성공시키고 말겠다!' 는 마음을 먹지 않는다 = 고객이 장사꾼이라는 느낌을 받지 않는다 = 계약이 성사된다. 뭐, 이런 패턴이었다.

극비의 성공 대화법 설계도 (주택 보수공사 업종편)

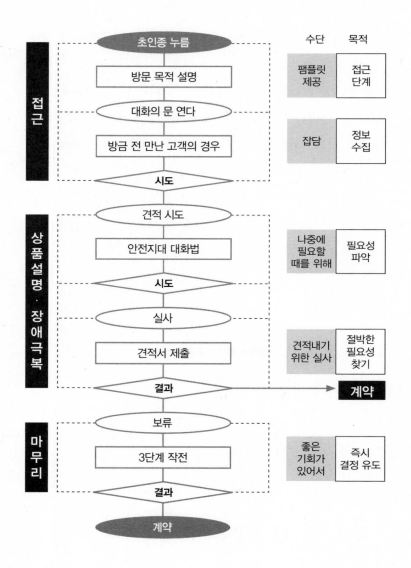

	수단	목적
접근	팸플릿 제공	접근 단계
	잡담	정보 수집
상품설명 · 장애극복	나중에 필요할 때를 위해	필요성 파악
	견적내기 위한 실사	절박한 필요성 찾기
마무리	좋은 기회가 있어서	즉시 결정 유도

초인종 누름 → 방문 목적 설명 → 대화의 문 연다 → 방금 전 만난 고객의 경우 → 시도 → 견적 시도 → 안전지대 대화법 → 시도 → 실사 → 견적서 제출 → 결과 → 계약 / 보류 → 3단계 작전 → 결과 → 계약

1. 상품에 맞는 급소를 찾아라.

2. 방문 목적을 일단 '얼굴 인사'로 포장하라. 고객과의 상담을 이끌어 내는 것이 우선이다.

3. 고객이 안심하는 순간을 놓치지 마라. '형사 콜롬보 대화법'을 활용한다.

4. 고객으로 하여금 필요성을 절감하게 하라. 고객에게 필요한 구체적인 사항을 파악하여 지적한다.

5. 상품의 부정적인 결점을 눈에 띄게 하지 마라.

원하는 것은 성공한 뒤에 얻어라

7

● 직업은 즐거운 것이다

나는 결국 3월 15일에 입사하여 다음달 4월에는 1,500만 원을 벌어들였고, 5월에는 1,800만 원의 수입을 달성했다. 그리하여 학습교재 판매 외에는 제대로 일을 지속적으로 해보지도 못했던 나는 무슨 마음을 먹었는지 보수공사 회사를 창립해 버리고 말았다.

"지금까지의 실적은 인정해. 그래도 말이야, 자네가 회사를 차리는 것은 너무 무리라고 생각해."

회사를 창립해 볼 생각이라고 내가 말하자 친구는 이렇게 말했다. 사실은 친구의 말에 공감이 갔다. 하지만 회사를 세우기로 마음먹은 이상 시작하기로 결정 내렸다. 열심히 하는 것밖에 달리 도리가 있겠는가.

정면 승부의 영업 방식만 아니라 전화 예약과 전단지 배포 등 다양한 방법을 시도하면서 시행착오를 겪으며 매진해 나갔다. 그 결과 회사의 매출은 순조롭게 신장되었고, 사원도 10명, 20명으로 늘어갔으며, 연수입이 3억 원에 달하기도 했다.

옛날이야기가 되어 버렸지만 내가 학습교재 판매를 하기 전까지는 일하는 것이 전혀 즐겁지가 않았다. 그저 먹고살려면 어느 정도는 참고 견디면서 일을 해야 한다는 생각뿐이었다.

그러던 것이 학습교재 판매를 계기로 180도 변화했던 것이다.

"지난달 성적이 좋지 않았어요?"

"그 정도면 이제껏 살아오면서 제일 많이 번거잖아요?"

"거짓말. 120만 원이겠지…. 뭐! 1,200만 원?"

지금껏 1,000만 원이 넘는 월급 같은 것은 꿈에도 생각지 못한 아내가 한 자리수를 틀리게 보았던 기억이 난다. 1,000만 원을 달성했을 뿐 아니라 고객들도 기뻐해 주고, 회사에서도 가장 주목받는 존재가 되고, 아내도 감격하고….

태어나서 처음으로 나는 '일이란 것이 이렇게 즐거운 것이구나' 하는 생각을 해보았다.

1,000만 원을 돌파했다는 성취감은 정말 말로 표현할 수 없는 것이었다.

'어쩌면 이것을 행복이라고 하는 것인가?'

'행복'이라는 것처럼 신물 나는 단어가 없다고 생각해 온 나였지만 태어나서 처음으로 행복이라는 말을 입 밖으로 내 보았다.

그러나 그로부터 3년이 지나서 회사를 창립하고 매출도 순조롭게 신장되어 연수입 3억 원을 달성했음에도 왠지 성취감을 느낄 수 없었다. 학습교재 판매에서 1,000만 원을 돌파했던 그 순간의 성취감을 더 이상 느낄 수 없었다. 왜 그런지 나로서는 알 수 없었다.

'어쨌든 직원들도 생겼으니 회사를 계속 발전시켜 나가지 않으면 안 된다.'

나는 이 생각만으로 회사를 경영해 나갔다.

한편으로는 회사를 운영해 나가면서 나의 노하우를 파는 일에도 흥미를 갖게 되어 이를 판매하던 시절도 한때 있었다. 그때 나한테서 노하우를 배워 간 회사의 사장들로부터 "예상 고객이 증가하고, 고수익의 계약이 체결되었다"며 고마워하는 말도 듣게 되었다.

이렇게 사람들로부터 감사를 받는 것은 태어나서 처음 있는 일이었다. 나 스스로 놀라고 뭔가 대단한 일을 한 기분이었다. 지금까지 경험해 보지 못한 보람을 느끼게 된 것이다.

● 마음을 비워야 성공한다

회사를 세운 지 4년째 되던 때였다. 회사는 순조롭게 신장했고, 2호점을 내려던 차였다. 잊을 수 없는 2000년 8월, 그 달을 기점으로 매출이 격감하기 시작했다.

그 상황은 다음달도, 그 다음달도, 그 다음달도 계속되어 끝내 전년의 3분의 1까지 감소하고 말았다.

'어떻게 된 것일까? 대체 원인이 무엇일까?'

잠 못 드는 날이 몇 달이고 계속되었다. 그 당시 태어나서 처음으로 나는 자살하는 사람들의 심정을 이해할 수 있을 것 같았다.

선배, 세무사, 컨설턴트 등 다양한 사람들에게 상담했다. 무엇이 문제인지 묻고 다녔다. 지금 돌이켜보면 아무리 누가 뭐라고 해도 전혀 머리에 들어오지 않는 상황이었다.

그때 문득 학습교재 판매 시절의 일이 떠올랐다.

'극비의 성공 대화법 설계도'를 사용해도 전혀 계약이 성사되지 않았다. 15일간 계약률이 0퍼센트였다. 나는 전혀 그 원인을 알 수가 없었다. 왜 그럴까? 고민에 고민을 한 그 15일간이 마치 3개월이나 되는 것처럼 고민을 한 적이 있었다. 그때의 슬럼프에서 빠져 나오게 된 방법이 떠오른 것이다.

그 방법은 '태도 정색 마무리 비법'이었다.

'원래 영업 같은 것을 할 수 있는 인간이 아니다. 어쩌다 운 좋으면 계약이 성사될 뿐이다. 남은 15일간 열심히 일해 보고

그래도 안 되면 그만 두자.'

그러자 불가사의하게도 그때까지 납덩어리처럼 무거웠던 마음이 거짓말처럼 가벼워졌다. 믿을 수 없을 정도로 가벼워진 마음으로 영업을 하자 계약이 성사되기 시작했다. 남은 15일간 이룬 계약이 1개월간의 실적만큼 달성된 것이다.

나는 그때의 경험을 기억해 내고는 이렇게 각오를 다졌다.

'애당초 제로에서 시작한 회사다. 망해도 그만이다. 이것으로 안 된다면 그것으로 만족하자.'

그리고는 다시 한 번 처음부터 출발한다는 각오로 회사를 일으키는 것 외에는 아무것도 생각하지 않고 매진했다. 회사의 매출은 전성기 때 이룬 1억 원 달성을 목표로 삼았다. 그 목표를 이루고 나서 이 회사를 평생 계속할 것인가, 아니면 새로운 매출 증대를 위해 노하우를 판매할 것인가를 결정하기로 결심했다.

그리고 결심한 대로 3개월 만에 월 매출 1억을 재달성하는데 멋지게 성공했다. 나는 보수공사 회사 대신 세일즈 컨설턴트를 시작하기로 결정 내렸다.

그리하여 2002년 9월, 나는 다시 모엘주식회사를 설립하여 처음부터 재출발하게 되었다. 그때 내 나이 마흔 살이었다. 그 나이가 되어서야 나는 천직을 만나게 된 것이다.

어떻게 하면 나의 노하우를 알기 쉽게 설명해서 사람들에게 전달할 것인가? 이것을 연구하기 시작하자 아이디어들이 속속 떠올라 전하고 싶고, 하고 싶은 일들이 산처럼 쌓여 갔다.

무엇보다 나의 노하우에 공감하고 이를 실천하여 효과를 보았다고 말하면서 고맙다는 연락을 받았을 때 나는 실로 삶의 보람을 느끼지 않을 수 없었다.

지금 이렇게 고심해 가면서 이 책의 원고를 정리하는 것도 힘들기는 하지만 나는 너무나도 즐겁다.

● 천직을 만난다는 건 행운이다

'좋아하는 것을 직업으로 삼아라. 천직을 발견하라.'

골수까지 소극적인 사고방식이 박힌 나로서는 이 말처럼 하기 힘든 일이 없었다. 좋아하는 일을 직업으로 삼는 것도 어려운 일이지만 좋아하는 것이 도대체 무엇인지조차 발견할 수도 없었다.

천직이라는 것이 물론 누구에게나 있게 마련이겠지만, 수없이 좌절과 실패를 거듭한 나로서는 천직이 보이지 않는 것은 당연했다. 하고 싶은 일들을 생각나는 대로 종이에 적어 보기도 하고, 하고 싶지 않은 일들을 적어 보기도 했지만 도무지 어떤 것도 발견할 수 없었다. 소극적인 사고방식의 소유자인 나에게 천직이란 것이 그리 쉽게 발견될 수 있는 건 아니었다.

그러나 나에게 천직이란 무엇인지 알 수 없었지만 학습교재 판매로 억대 연봉의 꿈을 이루었을 때, 일하는 기쁨과 행복감을

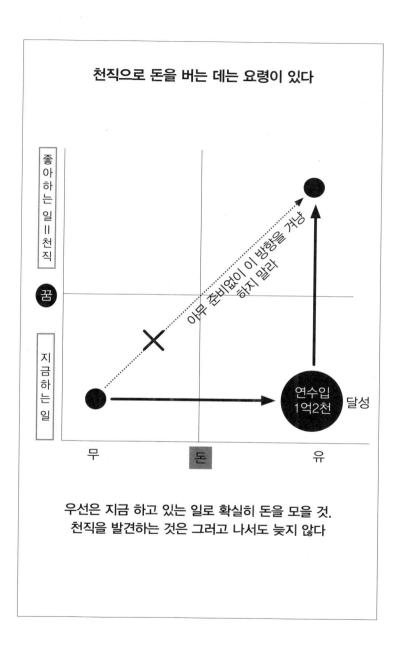

우선은 지금 하고 있는 일로 확실히 돈을 모을 것.
천직을 발견하는 것은 그러고 나서도 늦지 않다

느꼈던 것은 사실이다.

　물론 돈이 인생의 전부는 아닐 것이다. 하지만 돈을 벌어야 마음의 여유가 생기는 법이다. 그리고 마음의 여유가 생겨야 새로운 것에 도전해 보고자 하는 마음도 생겨나게 된다. 바로 이것이 천직을 향해 가는 길이라고 나는 생각한다.

　'천직이란 대체 무엇인가?'

　이것을 진지하게 생각해 본 적이 있었다. 내 안에서 나온 답은 '황금 저편에 있는 것 중에서 기쁨을 느낄 수 있는 것'이었다. 나의 경우는 황금 저편에 있는 것 중에서 기쁨을 느낄 수 있는 것은 '고객'이었다.

　고객이 상품을 사고 기뻐하는 모습을 보는 것이 나에게 최고의 쾌감을 준다는 사실을 깨닫게 되었다. 그리고 나는 학습교재 판매를 시작한 지 10년째 접어들어서야 겨우 천직을 만난 행운을 얻게 된 것이다.

● **결점이야말로 장점이다**

　'내가 가장 자신 없었던 영업으로 성공할 수 있었다. 그리고 회사까지 세웠다. 그렇다면 이것도 가능하지 않을까…….'

　이렇게 마음먹고 시작한 것이 있다. 그것은 바로 '글쓰기'였다.

　학창 시절에 나는 국어 작문을 특히 못했다. 도무지 뭔가를 쓰려고 하면 무엇을 써야 할지 머리에 떠올리지도 못했다. 3년 전까지만 해도 연하장 하나 쓰는데도 30분 고민 끝에 겨우 '새 해에 뵙겠습니다' 라고만 쓸 수 있었다. 정말이지 불가능하다고 여겨질 정도였다.

그런 내가 글을 쓸 수 있다면 좋겠다는 생각을 하게 된 계기 가 있었는데, 어떤 책과의 조우에서 비롯된 마음이었다.

'아, 이런 책을 한번 써 보고 싶다!'

문장을 쓴다는 것을 생각해 본 적이 없었던 나의 마음을 그 책이 움직이게 한 것이다. 그렇지만 마음이 동했다고 저절로 문 장이 써지는 것은 아니다. 그야말로 그 일은 나에게 불가능한 것처럼 여겨졌다.

그러다가 문득, '내가 가장 자신 없었던 영업으로 성공할 수 있었다. 그리고 회사까지 세웠다. 그렇다면 이것도 가능하지 않 을까' 하는 생각이 들었다.

문장력도 없고, 단어 기억 수준도 형편없는 나는 그야말로 초 등학생 정도의 실력이라고 볼 수 있었다.

하지만 그렇기 때문에 누구보다 이해하기 쉽고, 읽기 쉬운 문 장을 쓸 수 있지 않을까 하고 생각해 보았다. 어쩌면 오히려 개 성적인 문장을 써낼 수도 있지 않을까 하는 생각이 들었다.

어쩌면 착각일 수도 있지만, 나는 이런 생각으로 글을 쓰기로 마음먹었다.

문과 출신의 아내로부터 "이런 정도면 우리 애들이 몇 배는 더 잘 쓰겠어요"라는 놀림을 받으면서도 3년간 매달렸다. 착각이란 것이 무서운 힘을 가지고 있는지도 모른다.

내가 하고 싶은 말은 '결점이야말로 최고의 장점'이라는 사실이다.

남들보다 열등한 부분은 누구보다도 자기 자신이 더 잘 아는 법이다. 이를 극복한다는 것은 남들보다 2, 3배는 더 노력해야 할 각오가 되어 있어야 가능하다.

"자네, 결국 해냈구먼!"

주위 사람들한테 이 말을 들을 때까지 노력하지 않으면 해낼 수 없는 것이다. 이런 감탄사를 들었을 때 그 결점은 최고의 장점으로 빛을 발하는 것이다.

1. 누구에게나 슬럼프는 있다. 마음을 비우면 된다.

2. 지금 하는 일에 최선을 다해 돈을 벌고 난 다음, 천직을 생각하자. 꿈과 현실에는 거리가 있다.

3. 자신의 결점을 최대의 장점으로 변화시키도록 노력하자.

만남이 있었기에 이 책을 쓸 수 있었다

- 기도 가즈토시

'이것을 해보겠다'라고 결심하는 데는 분명 어떤 계기가 있어야 된다. 그것이 책일 수도 있고, 음악일 수도 있고, 영화일 수도 있다. 그리고 무엇보다 좋은 사람과의 만남이 새로운 도전을 하는데 동기가 된다.

사실 이 책을 이렇게 완성시킬 수 있었던 것은 누마다 유타카沼田裕 씨와의 만남이 있었기 때문이다. 그는 언어 깊은 곳에 숨어 있는 것들을 끄집어내는 능력이 있는 사람이다. 그와 상의하는 과정에서 떠오른 수많은 생각들이 바탕이 되어 이 책은 완성되었다. 우리 두 사람은 의기투합되어 아침 9시부터 밤 11시까지 대화를 나누어 왔다. 누마다 씨에게 진심으로 감사드린다.

이 책의 출판은 메일 매거진 덕택이었다. 발행하고 나서 불과 1개월 만에 구독자 수가 1만 명에 이를 정도로 나는 메일 매거진을 통해 많은 독자들을 만날 수 있었다.

인터넷의 위력은 정말 대단했다!

그 구독자 여러분으로부터의 수많은 격려가 도화선이 되어 이 책은 태어나게 되었다. 정말로 감사드린다. 나의 메일 매거진을 출판해 준

야마토 출판사의 다케시타 씨께 진심으로 감사드린다. 그와의 만남이 없었다면 이 책은 존재할 수 없었을 것이다. 수십 페이지에 이르는 나의 홈페이지를 구석구석 읽어 주었다. 게다가 나의 의도를 완벽하게 이해해 준 점은 어떤 말로도 표현할 수 없을 정도로 기뻤고 고마웠다.

마지막으로 언제까지 그렇게 살 거냐고 말한 아내가 아니었다면 지금의 나는 존재할 수 없었을 것이다. 결혼하고 나서도 수없이 전직을 계속한 나를 질책하면서도 함께 살아 준 아내에게도 감사드린다.

"감사합니다."

실로 이 한 마디를 아내와 얼굴을 마주하고 말하기 어려웠다. 이 자리를 빌려서 이야기해 본다. 안 된다고? 이런 말은 직접 얼굴을 마주하고 말해야 한다고요?

오늘 집에 돌아가면 반드시 말하겠다.

지독한 영업 달인의 놀라운 노하우

출판사에서 번역을 의뢰받았을 때 대충 페이지를 넘겨보면서 어느 세일즈맨의 성공 스토리쯤으로 여겼었다. 하지만 이 책은 그런 범주를 뛰어넘었다. 언제나 그런 글이 쓰여 있는 책이란 정말 힘든 시련을 극복하고 성공했노라고 말하기 때문에, 보는 사람에 따라서는 글쓴이가 제아무리 겸손하게 썼다 하더라도 자랑처럼 여겨지기도 한다. 하지만 우리가 알아야 할 본질은 그런 책들을 통해서 얻어야 할 용기와 희망이다.

이 책은 성공 스토리는 아니다. 하지만 세일즈로 성공하기까지 어떻게 노력했는지가 고스란히 담겨 있다. 사실 어찌 보면 저자는 별로 내세울 것이 없는 사람이다. 고등학교 중퇴하고 수없이 직장을 옮겨 다니다가 더 이상 물러날 곳이 없는 처지에서 마지막 영업에 목매달고 뛰어든 사람이다.

그런 그가 각고의 노력 끝에 세일즈에서 대성공을 하게 된 데는 그만한 이유가 있었다. 그리고 이 책은 그러한 이유를 고스란히 보여 준다. 한마디로, 영업하는 사람들에게 정말 질리도록 집요한 세일즈 방법들을 전하고 있다.

저자처럼 영업하면 안 될 이유가 없어 보인다. 별의 별 방법이 다 동원되어 있다. 그가 말하는 '극비의 성공 대화법 설계도'는 그 진행되는 과정이 절묘하다고까지 표현될 정도다. 그리고 무엇보다 너무 재미있고 웃긴다. 저자는 유머 감각을 갖추고 있는 사람임이 분명하다.

21세기를 세일즈 시대라고 말하기도 한다. 사실상 의사도 영업을 해야 하고, 심지어는 대통령도 외교 세일즈를 하고 있는 세상이 아닌가. 그만큼 이것이 중요하다는 데 이의를 달 사람은 없을 것이다.

경쟁 사회에서 세일즈만큼 치열한 분야도 없을 것이다. 숱한 사람들이 이 분야에서 좌절을 경험하고, 저자처럼 자신의 소극적이고 소심함을 탓할 것이다. 물건을 팔기 위해서 남의 집 인터폰을 태연하게 누르는 사람은 많지 않을 것이다. 그러기에 돈은 좀 적게 벌더라도 세일즈가 아닌 다른 일을 하고자 하는 사람들이 많다.

하지만 저자는 큰돈을 벌기 위해서 이것을 택했고 성공했다. 그런 그가 자신의 노하우를 아낌없이 보여 주는 것이 바로 이 책이다. 누구라도 이 책을 읽으면 세일즈를 하고 싶어질 정도이다.

백 마디의 말이 필요 없다. 일단 읽어보면 '아, 이렇게 하면 되겠구나' 하고 절감하게 된다. 배짱이 없어도, 근성이 없어도 저자처럼 철저하게 숙제하듯이 자신만의 '극비의 성공 대화법 설계도'를 만들어 간다면 반드시 성공할 수 있을 것이다.

아무리 입으로 크게 구호를 외치고, 자신감을 가지기 위해 자기 암시를 한다 해도 근본적으로 세일즈에 불리한, 고칠 수 없는 자기만의 성격이 있기 마련이다. 이를 극복하고 세일즈로 성공하고 싶은 사람이라면 이 책은 반드시 봐야 할 것이다.